विज्ञापन और हिन्दी

विज्ञापन और हिन्दी

सम्पादक
डॉ. पूर्णिमा आर.
सहायक प्रोफेसर और विभागाध्यक्ष,
एस.एस.वी. कॉलेज, पेरुम्बवूर, केरल

वाणी प्रकाशन

सह प्रकाशक–प्रकाशन विभाग,
महात्मा गाँधी विश्वविद्यालय, कोट्टयम, केरल

वाणी प्रकाशन
4695, 21-ए, दरियागंज, नयी दिल्ली 110 002

शाखा
अशोक राजपथ, पटना 800 004

फ़ोन : +91 11 23273167 फ़ैक्स : +91 11 23275710

www.vaniprakashan.in
vaniprakashan@gmail.com
sales@vaniprakashan.in

VIGYAPAN AUR HINDI
Edited by Dr. Poornima R.

ISBN : 978-93-87889-65-1

प्रथम संस्करण

मूल्य : ₹ 45

एम.एस. प्रिंटर्स, दिल्ली-110 093 में मुद्रित

वाणी प्रकाशन का लोगो मक़बूल फ़िदा हुसेन की कूची से

अनुक्रम

विज्ञापन : अर्थ

अंग्रेज़ी में एडवरटाइजमेंट शब्द का प्रयोग होता है। इस शब्द की उत्पत्ति फ्रांसीसी शब्द स्वरतिर से होती है जिसका अर्थ सूचित करना होता है। अंग्रेज़ी में एडवर्ट शब्द का अर्थ है—किसी का ध्यान खींचना या विवरण देना। अंग्रेज़ी शब्दकोष के अनुसार 'एडवरटाइज' का अर्थ है जानकारी देना, नोटिस देना घोषणा करना, सार्वजनिक समर्थन अथवा प्रसिद्धि प्राप्त करने का तरीका।

विज्ञापन धनार्जन के साथ सामाजिक परिवर्तन का सशक्त साधन होता है।

विज्ञापन शब्द यौगिक शब्द है और उसमें दो शब्दों का योग है—'वि' + ज्ञापन शब्द उपसर्ग रूप में 'विशेष' का अर्थ प्रकट करता है और 'ज्ञापन' का अर्थ होता है—सूचना या ज्ञान देना। इस प्रकार इन दोनों शब्दों का अर्थ सामान्य रूप में होता है—किसी वस्तु या तथ्य की विशेष सूचना या जानकारी देना।

इस शब्द का समानार्थी शब्द पाशचात्य भाषा लैटिन के 'एडवर्टर' से गृहीत 'एडवरटाइजिंग' है, जिसका अर्थ उस भाषा में 'टू टर्न टू' यानि किसी ओर मुड़ना कह सकते हैं किसी के प्रति आकर्षित होना। कहने का तात्पर्य है—जिनके द्वारा कोई बात लोगों को बताई जाती है, वह सूचना पत्र, इश्तहार आदि द्वारा समझाना, सूचना देना, निवेदन करना, प्रार्थना आदि विज्ञापन कहलाता है।

आज विज्ञापन माध्यम का प्रचलन तेज़ी से चल रहा है। विज्ञापन आज प्रचार माध्यम या 'पब्लिसिटी मीडिया' की भाँति बहुत ही सशक्त माध्यम है जो औद्योगिक क्षेत्रों में उपभोक्ता की जानकारी के साथ-साथ अभिरुचि भी पैदा करते, विक्रय वृद्धि तथा प्रतिष्ठान विशेष के प्रति उपभोक्ताओं में विश्वसनीयता उत्पन्न करते हैं।

विज्ञापन : स्वरूप एवं अवधारणा

आज के अर्थकेन्द्रित दौर में विज्ञापन की अवधारणा अत्यन्त व्यापक हो गयी है। वह सूचना और सम्प्रेषण से आगे बढ़कर मार्केटिंग का असरदार हथियार बन गया है। भूमण्डलीकरण के साथ उपभोक्ता केन्द्रित अर्थनीति ने जो करवट ली उससे बाज़ार का एक नया दर्शन पैदा हुआ। बाज़ार केवल सामान बेचने का स्थान या जरिया भर नहीं रहा, पूरे व्यापार और उद्योग जगत में उसकी निर्णायक भूमिका बन गयी। इस सबमें उपभोक्त की हाँ-ना, उसकी जरूरत, उसका चुनाव सभी महत्त्वपूर्ण हो गये। उपभोक्ता सारी गतिविधि का केन्द्र बन गया। उसे हर तरह से लुभाने को ऐसे-ऐसे विज्ञापन बनते, जो उसमें खरीदने की इच्छा जगाते, उसे खरीदने को तैयार करते और अन्ततः उपभोक्त के सन्तोष को ही प्राथमिकता दी जाती क्योंकि कम्पनी का मुनाफा इस प्रलोभन और सन्तोष पर ही टिका है। मार्केटिंग का क्षेत्र इन सभी दिशाओं को समेटकर विकसित हुआ। मार्केटिंग की इस प्रक्रिया में विज्ञापन की असरदार भूमिका निश्चित हुई।

हिन्दी भाषा में, विज्ञापन पर किये गये अध्ययन प्रायः उसकी पारम्परिक अवधारणा से सम्बद्ध हैं जबकि कालान्तर में उसके स्वरूप और प्रक्रिया में बहुत अन्तर आ गया है। अब विज्ञापन केवल बहुत-से लोगों तक एक साथ सूचना पहुँचाने का माध्यम भर नहीं रहा, बल्कि पूरी आर्थिक गतिविधि का केन्द्र बन गया है। उसकी सत्ता और महत्ता लगातार बढ़ रही है। दूसरी ओर साहित्यकर्मियों और भाषा के जानकारों के लिए विज्ञापन भाषा, संस्कृति और संचार से जुड़ा ऐसा विषय है जो सामाजिक परिवर्तनों तथा मनोवैज्ञानिक सच्चाईयों का अनावरण करता है। उनका विश्लेषण विज्ञापन के इसी पक्ष से सम्बद्ध है। विज्ञापन की अवधारणा को उसकी आवश्यकता एवं उसके उद्देश्यों के सन्दर्भ में भी समझना आवश्यक है। इन सभी दृष्टियों से विज्ञापन के विविध आयामी स्वरूप का विश्लेषण गम्भीर अध्ययन की अपेक्षा रखता है।

किसी समय में विज्ञापन के व्यावसायिक उद्देश्यों पर बात करते हुए प्रायः यही

कहा जाता था कि उपभोक्त का ध्यान आकर्षित कर उसकी स्मृति में बने रहना और खरीदने की इच्छा पैदा करना अच्छे विज्ञापन का लक्ष्य है, लेकिन आज के दौर में खरीदने-बेचने की प्रणालियाँ व तकनीकें तेज़ी से बदल रही हैं। ऐसे में विज्ञापन का लक्ष्य भी स्पर्धा के दौर में 'ब्रांड' विशेष का स्थान निर्धारित करना और उसे सुरक्षित रखना है। उपभोक्ताओं में उस ब्रांड के प्रति निष्ठा जगाकर, उपभोक्ता से सीधे विश्वसनीय सम्बन्ध बनाना भी विज्ञापन के कार्यक्षेत्र में शामिल हो गया है।

विज्ञापन का स्वरूप व्यावसायिक और रचनात्मक दोनों ही है। व्यावसायिक उद्देश्यों को वहन करते हुए भी अपनी संरचना और प्रस्तुति में विज्ञापन सर्जनात्मक माध्यम है। उस का सम्बन्ध लोगों के सपनों, आशाओं, रुचियों और आवश्यकताओं से है। उनके जीवन जगत, संस्कृति और रिवाजों से भी है। इसलिए विज्ञापन की संरचना के लिए विशिष्ट रचनात्मक प्रतिभा चाहिए जो भाव और भाषा की क्षमताओं को संचार तकनीकों से प्रभावशाली ढंग से जोड़ पाए। भाषिक अभिव्यक्ति के रूप में विज्ञापन की अपनी अलग सत्ता है। विज्ञापन की भाषा का स्वरूप साहित्यिक भाषा से अलग होता है। वह व्याकरण के रूढ़ ढाँचे तक सीमित न रहकर भाषा का नित नया मुहावरा गढ़ते हुए उसके अर्थ का विस्तार करती है। संचार माध्यमों का तकनीकी जगत भी प्रतिदिन बदल रहा है। विज्ञापन क्षेत्र से जुड़े लोगों के लिए यह हर रोज नयी चुनौती का सामना करने के समान है। इन चुनौतियों से गुजरकर ही कुछ विशिष्ट प्रतिभाओं ने इस क्षेत्र में अपनी एक अलग जगह बनायी है।

इधर, विज्ञापन एजेंसियों का महत्त्व भी बढ़ता जा रहा है। यह विज्ञापन एजेंसियाँ किस रूप में कार्य करती हैं? उनके तहत कौन-से विभाग होते हैं? भारत की प्रमुख विज्ञापन एजेंसियाँ कौन-सी हैं? उनके कार्यक्षेत्र का फैलाव कितना है? विशिष्ट विज्ञापन एजेंसियों ने भारत में विज्ञापन के प्रचार-प्रसार और कार्यप्रणाली को किस रूप में बदला है? इन सब प्रश्नों के उत्तर ढूँढ़े जाने चाहिए। यह विज्ञापन के अध्येयताओं के लिए भी आवश्यक है और मीडिया के उन विद्यार्थियों के लिए भी जो स्वयं विज्ञापन के क्षेत्र से जुड़ना चाहते हैं।

विज्ञापन के प्रभावों की चर्चा बहुत-सी नैतिक व समाजशास्त्रीय धारणाओं को ध्वस्त करती है। इस क्षेत्र में स्त्रियों और बच्चों की स्थिति को लेकर बराबर प्रश्न खड़े किये जाते हैं। उत्तर आधुनिक समाज में सामाजिक सम्बन्धों की पड़ताल जिन अलग-अलग दृष्टि-बिन्दुओं से की जा रही है, विज्ञापन

उस जन-संस्कृति (पापुलर कल्चर) का अभिन्न अंग है। प्रायः इसके माध्यम से समाज की अन्तर्धाराओं को पकड़ा जा सकता है।

विज्ञापन का दोहरा समाजशास्त्र है। एक जो इसे महत्त्वपूर्ण, गतिशील व्यावसायिक-रचनात्मक गतिविधि मानता है तो दूसरा इसे पूँज़ी का खेल करार देता है। इन उलझे हुए सवालों के बीच विज्ञापन की सही जगह तलाशना ही विज्ञापन के स्वरूप को सही अर्थो में समझना होगा।

मार्केटिंग और विज्ञापन

विज्ञापन मार्केटिंग मिक्स का अनिवार्य घटक है। मार्केटिंग का दायरा बहुत बड़ा है। बाज़ार गवेषणा (Market Research) के रूप में यह प्रक्रिया उत्पाद के निर्माण से पहले ही शुरू हो जाती है। उत्पाद उपभोक्ताओं की आशा आकांक्षाओं का प्रतिफल बनकर आता है तो दूसरी ओर उसके मन में अनचाही इच्छाएँ और सपने भी जगाता है। विज्ञापन के बिना यह दोनों कार्य असम्भव हैं। मार्केटिंग उपभोक्ता की माँग को धुरी बनाती है। यह माँग बाज़ार के दर्शन, विचार और दिशा सभी को नियन्त्रित करती है।

मार्केटिंग मिक्स के चार घटक माने गये हैं—मूल्य, वितरण, उत्पाद तथा प्रमोशन। मार्केटिंग मिक्स में विज्ञापन की भूमिका बहुत महत्त्वपूर्ण रहती है। क्योंकि विज्ञापन ही उत्पाद के लिए बाज़ार के द्वार खोलता है। उपभोक्ता को जानकारी देकर शिक्षित एवं प्रभावित करता है और अन्ततः खरीदने की इच्छा भी जगाता है। मुख्यतः विज्ञापन का सम्बन्ध प्रमोशन से है।

विज्ञापन जब मार्केटिंग का हिस्सा बनता है तब उस पर अतिरिक्त जिम्मेदारी आ जाती है। विज्ञापन आज खर्चीला माध्यम है इसलिए यह जरूरी है कि विज्ञापन पर जो भी खर्च हो वह कम्पनी को उस खर्च से ज्यादा मुनाफा दे। विज्ञापन ने 'निरमा, 'फेयर एंड लवली' जैसे छोटे और मझोले व्यवसायों को राष्ट्रीय मंच प्रदान किया। उनके लिए बड़ा बाज़ार क्षेत्र पैदा किया और विज्ञापन पर खर्च की गयी पाई-पाई को कई गुणा बढ़ाकर कम्पनी को आर्थिक तौर पर मजबूत एवं सुरक्षित किया है।

विज्ञापन उत्पादक और उपभोक्ता के बीच भरोसे की कड़ी है। आज हम जिस अर्थव्यवस्था का दामन थामे विकास के आँकड़े गिन रहे हैं वह श़ेयर बाज़ार के संवेदी सूचकांक पर टिका है। विज्ञापन के जरिये जो भरोसा पैदा होता है वह शेयर बाज़ार में भी कम्पनी का मूल्य निश्चित करता है। बड़े व्यापारिक केन्द्र और व्यापारिक घरानों की बुनियाद में दूर-दृष्टि वाले विज्ञापनों की ही कारगर

भूमिका होती है। 'हमारा बजाज' के विज्ञापन ने बुलन्द भारत की बुलन्द तस्वीर में बजाज जैसे व्यापारी घराने की साख को प्रतिष्ठित किया।

मार्केटिंग प्रक्रिया में बाज़ार की दृष्टि से उत्पाद की शक्ति, सीमाओं, सम्भावनाओं एवं चुनौतियों का विश्लेषण किया जाता है। विज्ञापन में यह सारी विश्लेषण प्रक्रिया झलकती है। इतना ही नहीं विज्ञापन इस प्रक्रिया में उठने वाले तमाम अनुत्तरित प्रश्नों का जवाब है।

विज्ञापन और ब्रांड निर्माण

विज्ञापन का उद्देश्य उत्पाद बेचने या बिक्री बढ़ाने तक सीमित नहीं है। आज विज्ञापन का स्वरूप उपभोक्ता के दिलो-दिमाग में विशिष्ट ब्रांड अंकित करना है। ब्रांड की यद्यपि कोई भौतिक सत्ता नहीं है फिर भी उपभोक्ताओं के मन में उसकी एक खास जगह होती है। ब्रांड उत्पाद को अपनी पहचान देता है जिसका आधार विज्ञापन ही बनता है।

विज्ञापन उपभोक्ता में ब्रांड की ऐसी छवि निर्मित करता है कि उपभोक्ता के लिए उत्पाद उस ब्रांड के नाम का पर्याय बन जाता है जैसे—टाटा नमक-नमक का पर्याय है-बाज़ार में बहुत से नमक उपलब्ध हैं कैप्टन कुक, सूर्या, कैच, शुद्ध, लेकिन टाटा की छवि बहुत पहले से नमक के साथ अभिन्न रूप में जुड़ी है। इसका लाभ टाटा के ब्रांड को हमेशा मिलता है। यूरेका फोर्ब्स ने सबसे पहले पानी को शुद्ध करने के लिए एक्वागार्ड को बाज़ार मे उतारा। एक्वागार्ड की उपस्थिति इतनी सशक्त है कि अलग-अलग कम्पनियों के पानी शुद्ध करने के उपकरण भी उसकी अव्वल स्थिति को नहीं तोड़ पाए।

ब्रांड उपभोक्ता से सम्बन्ध बनाने का माध्यम है। उपभोक्ता प्रायः किसी एक ब्रांड को ही बार-बार चुनता है क्योंकि वह ब्रांड अपने साथ एक भरोसा, एक सन्तोष लाता है। वह ब्रांड उपभोक्ता की आदत बन जाता है। ब्रांड एक मानक भी स्थिर करता है यानी एक ब्रांड उत्पाद की क्वालिटी से कभी समझौता नहीं करेगा, ऐसा विश्वास उपभोक्ता के मन में स्थिर हो जाता है। नया उत्पाद होने पर भी कम्पनी को ब्रांड इमेज या ब्रांड की छवि का लाभ मिलता है। टाटा का नया उत्पाद हो या मारुति की नयी गाड़ी-ब्रांड के नाम का भरोसा वस्तु या सेवा के साथ जुड़ा हुआ है। जब ब्रांड की पहचान और समृद्धि किसी उत्पाद के साथ जुड़ जाती है तब उसके विपणन (Marketing) में काफी सुविधा होती है। उसका नाम लेते ही या फिर उसका प्रतीक चिह्न (लोगो) देखते ही सब उसे पहचानने लगते हैं।

मार्केटिंग मिक्स के तहत व्यक्तिगत बिक्री के लिए जब सेल्समेन किसी के दरवाज़े पर जाते हैं तब यदि उपभोक्त ब्रांड को पहचानता है तो सामान बेचना आसान हो जाता है। बड़ी कम्पनियों के ब्रांड प्रमोशन के लिए आये सेल्समैन के मुँह पर दरवाज़ा बन्द नहीं किया जाता। हिन्दुस्तान लीवर, नेस्ले, प्रॉक्टर एंड गेम्बल जैसी कंपनियाँ अपने ब्रांड की पहचान के भरोसे ही अपने नये उत्पाद को बाज़ार में लाते ही जहाँ जोर-शोर से विज्ञापन शुरू करती हैं वहीं बहुत बड़े पैमाने पर अपने प्रतिनिधियों को फायदेमंद स्कीमों के साथ उपभोक्ता की देहरी तक पहुँचा देती हैं। कई बार रणनीति अपने प्रतिद्वन्द्वी ब्रांड से होड़ लेने के लिए भी अपनाई जाती है यानी यदि आप लक्स से नहाते हैं तो कोई डव लेकर आपके दरवाज़े पर हाजिर होगा, या फिर हिन्दुस्तान टाइम्स पढ़ते हैं तो अब टाइम्स ऑफ इण्डिया पढ़कर देखिए। महीनेभर के लिए आपको मुफ्त अखबार दिया जायेगा। यह प्रयास इस आशा में किया जाता है कि शायद समान उत्पाद बेचने वाली एक ब्रांड के बाज़ार का कुछ हिस्सा उसकी प्रतिस्पर्धी ब्रांड को मिल जाये।

विश्वभर में आर्थिक नीतियों के परिवर्तन से बाज़ार के व्यवहार में भी कई तरह के बदलाव आये हैं। आज एक ही वस्तु को अलग-अलग निर्माता बना रहे हैं। उपभोक्ता की जरूरत का कोई भी सामान क्यों न हो। सुबह उठते ही इस्तेमाल में आने वाले टूथपेस्ट-टूथब्रश, साबुन से लेकर ब्रेड, बिस्कुट, नूडल्स, चॉकलेट, केचप, शीतल पेय आदि हों या इलेक्ट्रॉनिक उपकरण, मोबाइल फोन, गाडियाँ, कम्प्यूटर, कपड़े-सभी क्षेत्रों में बहुत से ब्रांड बाज़ार में स्वयं को श्रेष्ठ सिद्ध करने के लिए एक-दूसरे से होड़ ले रहे हैं। आपसी प्रतिस्पर्धा की जद्दोजहद में विभिन्न ब्रांडों के बीच एक परस्पर क्रम निर्धारित होता है। बढ़ते उपभोक्तावाद के साथ बाज़ार की सीमाएँ निरन्तर फैल रही हैं। देश-विदेश, गाँव-नगर जैसे बाह्य वर्गीकरण भी धुँधले पड़ गये हैं। ऐसे में यह बहुत हद तक विज्ञापन और मार्केटिंग स्ट्रेटजी पर निर्भर करता है कि अन्य ब्रांडों की तुलना में वह अपने ब्रांड को किस तरह प्रस्तुत करना चाहते हैं। बाज़ार में अपना स्थान निश्चित करने के उद्देश्य से ब्रांड को अपनी विशिष्टता स्थापित करनी होती है। साथ ही उसे यह भी तय करना है कि अपना उत्पाद किसे बेचना है यानी उसका लक्षित उपभोक्ता वर्ग कौन-सा है। ब्रांड के स्थान को निर्धारित करने में अर्थात् बाज़ार में उसकी पोजीशन निश्चित करने में दो तत्व सर्वाधिक महत्त्व रखते हैं—ब्रांड की विशिष्टता तथा लक्षित उपभोक्ता वर्ग।

ब्रांड की विशिष्टता से अभिप्राय उस खासियत से है जो किसी उत्पाद को एक ही कोटि में होने पर भी अलग खड़ा करती है। यह खासियत ही उत्पाद

की USP (Unique Selling Proposition) बनती है और विज्ञापन अपील में साफ़ झलकती है। इस विशिष्टता का आधार कुछ भी हो सकता है–दाम, कोई तकनीकी विशेषज्ञता, विलासिता, सुविधा, आराम, शुद्धता, भरोसा आदि।

ब्रांड का स्थान निश्चित करने में लक्षित उपभोक्ता वर्ग का भी बहुत बड़ा योगदान होता है। कुछ वस्तुओं की श्रेणी में वही ब्रांड नम्बर एक पर होगा जिसकी बिक्री सबसे अधिक है। जितने भी उपभोक्तापरक वस्तुओं के ब्रांड हैं उनकी कसौटी यही है। यानी यहाँ पूरा बल गुणवत्ता पर न होकर मात्रा पर है। उनके विज्ञापन भी तथ्य का लाभ उठाते हैं। अक्सर हम ऐसी पंक्तियाँ विज्ञापन में पढ़ते हैं–'भारत का सबसे ज्यादा बिकने वाला ब्रांड' लेकिन जब बात किन्हीं विशिष्ट चीज़ों की हो तब उनका लक्षित उपभोक्ता वर्ग भी खास होता है। इन्हीं बातों को लक्षित करते हुए सुब्रोतो सेन गुप्ता ने ब्रांड पोजिशनिंग स्ट्रटेजी स्पष्ट करते हुए लिखा–'good advertising should know what to sell and whom to sell अर्थात् अच्छे विज्ञापन को पता होना चाहिए कि क्या बेचना है और किसको बेचना है।'

विज्ञापनकर्ता तथा विज्ञापन एजेंसी का अपना लक्ष्य साफ़ होना चाहिए कि वे उपभोक्ता के मन में अपने ब्रांड की छवि किस रूप में निश्चित करना चाहते हैं। विज्ञापन में प्रस्तावित की जाने वाली USP इसी आधार पर तय की जायेगी। जैसे विल्स लाइफस्टाइल के कपड़े युवा फैशनेबल उपभोक्ता वर्ग के लिए हैं जबकि रेमंड्स बरसों से चली आ रही परम्परागत पसन्द है। यहाँ एक ब्रांड और दूसरी ब्रांड के बीच प्रतिद्वन्द्विता नहीं है। दोनों का अपना-अपना बाज़ार क्षेत्र है और दोनों के बीच तब तक अपने फायदे के लिए कोई संघर्ष नहीं हागा जब तक एक ब्रांड दूसरे वर्ग में प्रवेश नहीं करता यानी जिस दिन रेमंड भी उसी तरह के कपड़े बाज़ार में उतारेगा जैसे विल्स लाइफस्टाइल के हैं तब दानों के बीच प्रतिस्पर्धा होगी। उसके बिना दोनों ही ब्रांडों की बाज़ार में अपनी-अपनी जगह है।

ब्रांड की जरूरत हर उस उत्पाद के लिए पड़ती है जिसमें बहुत-सी कम्पनियाँ एक ही वस्तु बनाती हैं या एक ही सेवा प्रदान करती हैं। ऐसे में ब्रांड से उनकी अलग पहचान बनती है। ब्रांड उत्पाद को एक व्यक्तित्व देता है और विज्ञापन इस व्यक्तित्व के निर्माण का कार्य करता है। वह एक को दूसरे से अलग करके पहचानने में मदद करता है। यदि वॉशिंग पाउडर के विज्ञापन देखें तो अलग-अलग ब्रांड की अपनी निजी अपील है–सफ़ेदी की अपील-(सर्फ एक्सेल), कपड़ों को नरम मुलायम बनाए रखने की अपील–(एरियल), अच्छी खुशबू की अपील–(टाइड), मूल्य आधारित अपील–(निरमा) उत्पाद की श्रेणी एक ही है, फिर भी अलग-अलग

अपील के आधार पर उपभोक्ता के मन में बनने वाली छवि एक-दूसरे से अवश्य भिन्न होगी जिससे उपभोक्ता सही सार्थक चुनाव कर सकें। इसे ब्रांड पोजीशनिंग कहते हैं जिससे ब्रांड तथा उपभोक्ता दोनों का ही लाभ होता है।

विज्ञापन की जिम्मेदारी ब्रांड निर्माण से लेकर ब्रांड की जगह निश्चित करने तक है। विज्ञापन के आधार पर ही यह ब्रांड पोजिशन बदलता रहता है। कभी कोका-काला के चर्चे बढ़ते हैं तो कभी पेप्सी के। आकर्षक विज्ञापन से आधी जंग जीती जा सकती है। इसीलिए यह विज्ञापन उपभोक्ता के समक्ष कौन-सी अपील लेकर प्रस्तुत हो इसके पीछे व्यवस्थित ढंग से किये गये शोध के नतीजे और बाज़ार की रणनीति का निर्णायक दखल रहता है।

ब्रांड पोजिशनिंग निश्चित करने के साथ-साथ विज्ञापन लगातार उस स्थान को बचाने के लिए भी कार्य करता है। विज्ञापन जिस तरह की आक्रामक प्रतिस्पर्धा का पोषण करता है उसमें लगातार अपने स्थान के लिए प्रयत्न करते रहना जरूरी है। बिना विज्ञापन के ब्रांड बनाना और उस ब्रांड का टिके रहना लगभग असम्भव है।

डेविड ऑगिलवी ने अपनी पुस्तक 'कन्फेशन्स ऑफ एन एडवटाईजिंग मैन' में यह स्वीकार किया है कि प्रत्येक विज्ञापन को ब्रांड के छवि के निर्माण में एक योगदान के रूप में ही स्वीकार करना चाहिए। ब्रांड की साख बनाने की दृष्टि से यह दीर्घावधि निवेश है। "We hold that every advertisement must be considered as a contribution to the complex symbol which is the brand image, as part of the long term investment in the reputation of the brand."

विज्ञापन के माध्यम से ब्रांड की जो छवि बनती है पूँजी के बाज़ार में उसका भी अपना मूल्य है। सवाल यह है कि ब्रांड की इतनी बड़ी कीमत कैसे बनती है? दरअसल ब्रांड एक छवि है, ग्राहक का भरोसा है। जब कोई ब्रांड खरीदा जाता है तब कहीं यह रणनीति रहती है उस नाम के साथ एक ग्राहक संख्या तो निश्चित रहेगी जिनकी अटूट निष्ठा उसके ब्रांड के साथ है। उस ब्रांड के प्रति उपभोक्ता पहले ही जागरूक हैं, उसकी अपनी पहचान है जिससे उसके लिए बाज़ार में नया स्थान गढ़ने की आवश्यकता नहीं पड़ेगी। इसलिए जिन ब्रांडों का जितना बाज़ार-हिस्सा है, उस ब्रांड का बाज़ार-भाव उतना ही ज्यादा होगा। पहले से मिली मजबूत बुनियाद पर उसे आगे विकसित करना काम को सरल बना देता है। उस पर विज्ञापन उसमें कुछ और अतिरिक्त मूल्य जोड़कर अपना कार्य सम्पन्न करता है।

विज्ञापन : सामाजिक सम्भावनाएँ

विज्ञापन आर्थिक उद्देश्यों को बढ़ावा देने वाली व्यापारिक गतिविधि तक ही सीमित नहीं हैं, उस पर सामाजिक चेतना पैदा करने की भी जिम्मेदारी है। भारत जैसे समाज में जहाँ भूख, अशिक्षा और बेरोजगारी बहुत-सी समस्याओं की जड़ है वहाँ रेडियो और टेलीविज़न विज्ञापन बहुत कारगर भूमिका निभा सकते हैं। सामाजिक प्रक्रिया का हिस्सा बनकर जनहित विज्ञापन सामाजिक चेतना का निर्माण करते हैं, एकता और उन्नति के लक्ष्य को प्राप्त करने में सहायक होते हैं।

विज्ञापन सामाजिक परिवर्तन की अनेक दिशाएँ प्रस्तुत करता है, जिनमें मुख्य हैं—

1. जनमत को प्रभावित करने में विज्ञापन की भूमिका
2. किसी विशिष्ट उद्देश्य को बढ़ावा देने में विज्ञापन का सहयोग
3. राजनीतिक समर्थन जुटाने में उसका योगदान

सामाजिक क्षेत्र में विज्ञापन की सफलता का मानदंड यही है कि वह सामाजिक समस्याओं, सामाजिक मुद्दों की ओर ध्यान आकृष्ट करे और उनके प्रति हमारी सोच में परिवर्तन लाए। जनहित में जारी समाजिक विज्ञापन के अनेक क्षेत्र हैं—जैसे पर्यावरण, सड़क-सुरक्षा, स्वास्थ्य, लिंग-आधारित असमानता का विरोध, सर्व-शिक्षा अभियान, बाल-विवाह, दहेज आदि कुप्रथाओं के प्रति सचेतता आदि।

उदाहरण के लिए जनमत को प्रभावित करने वाले और विशिष्ट सामाजिक उद्देश्यों को गति देने वाले विज्ञापनों में प्रिंट माध्यम में दिल्ली सरकार के 'भागीदारी' के विज्ञापन हैं। ये विज्ञापन स्वास्थ्य शिक्षा, पर्यावरण, यातायात आदि के सम्बन्ध में जनहित में जारी किये जाते हैं। इनके साथ-साथ दृश्य-श्रव्य माध्यमों में 'पल्स पोलियो' या एचआईवी एड्स से सुरक्षा के विज्ञापन हैं जिन्हें संयुक्त राष्ट्र संगठन का सहयोग भी प्राप्त है। इन विज्ञापनों का उद्देश्य शिक्षित करना, जानकारी देना और जागृति पैदा करना है। इनसे परिवर्तन की सम्भावना बनती दिखाई देती है। आम लोगों तक सन्देश पहुँचाने में मदद मिलती है।

इनके समानांतर यदि चुनावी माहौल में राजनीतिक विज्ञापनों की प्रभाव-क्षमता को परखें तो बहुत आश्वस्त करने वाले परिणाम दिखाई नहीं पड़ते। 2004 के आम चुनावों में 'भारत उदय' का विज्ञापन करोड़ों की लागत से बना। उसमें एक खुशहाल, तरक्की पसन्द भारत की तस्वीर उभरती थी। जनता ने इस विज्ञापन को पूरी तरह नकार कर उसके विपरीत मतदान किया। 2007 में उत्तर प्रदेश में विधानसभा के चुनाव हुए। समाजवादी पार्टी के समर्थन में जनता के महानायक अमिताभ बच्चन ने जनता को आश्वस्त करने की

कोशिश की कि 'यू. पी. में है दम क्योंकि जुर्म है यहाँ कम'। इस विज्ञापन का भी जनता पर प्रतिकूल प्रभाव ही पड़ा। यू. पी. की बदहाली से नाराज जनता ने मतदान के द्वारा अपना पक्ष साफ़ कर दिया।

दरअसल, राजनीति और चुनाव आजकल बहुत हद तक इवेंट मैनेजमेंट की शैली अपना रहे हैं और विज्ञापन अपने विचारों को स्पष्ट करने का, अपने चुनावी एजेंडे को जनता के सामने रखने का माध्यम है, लेकिन यह ध्यान रखना जरूरी है कि स्लोगन के अतिरंजित दावे वास्तविकता से बिल्कुल अलग न हों। यदि उन विज्ञापनों में इरादों की ईमानदारी या खरापन नहीं झलकेगा, उसका अपने परिवेश व यथार्थ से कोई रिश्ता नहीं होगा तब उस विज्ञापन का सफल होना असम्भव है।

कभी-कभी यह सवाल उठता है कि विज्ञापन के सामाजिक उद्देश्य कितने स्थायी हैं। अक्सर जनहित में जारी विज्ञापनों में शिक्षित करने पर इतना बल होता है कि वे विज्ञापन कम और प्रचार के लिए प्रयुक्त स्लोगन अधिक लगते हैं। इन विज्ञापनों की प्रभाव क्षमता को बढ़ाने के लिए विज्ञापन माध्यम का रचनात्मक प्रयोग होना चाहिए। जिनते प्रभावशाली ढंग से हम उसका इस्तेमाल बाज़ार और व्यापार के गठबन्धन को सुरक्षित रखने के लिए करते हैं उतनी ही सशक्तता से उसका उपयोग जन-जागृति एवं जनमत निर्माण के लिए भी करें तो परिणाम क्रांतिकारी होंगे। राष्ट्रीय एकता पर 'मिले सुर मेरा तुम्हारा' तथा स्वास्थ्य सूचना जागृति की दृष्टि से 'पल्स पोलियो' के विज्ञापन विशेष लोकप्रिय एवं सार्थक रहे हैं।

रचनात्मक अभिव्यक्ति के रूप में विज्ञापन

हर तरह के अनुसन्धान, गवेषणा और आँकड़ों के बावजूद विज्ञापन का स्वरूप आत्यंतिक रूप से वैज्ञानिक नहीं है। एक अच्छे विज्ञापन की सिद्धि इसी बात में है कि वह तमाम सूचनाओं का उपयोग कितने कलात्मक ढंग से कर पाता है। अपने पूरे विधान और प्रस्तुति में विज्ञापन एक कला है। इसी तथ्य को रोजर रीव्स (जो स्वयं एक विज्ञापन एजेंसी के सृजनात्मक प्रमुख (क्रिएटिव हेड) हैं), ने इन शब्दों में कहा है—

"Advertising is the art of getting a unique selling proposition into the heads of the most people at the lowest possible cost."

विज्ञापन एक विशिष्ट कला है। यह कला विज्ञापित वस्तु के यू एस पी को अधिक-से-अधिक लोगों तक कम-से-कम खर्च में पहुँचाती है।

ब्लांच एलियट ने इसे अभिव्यक्ति की एक प्रणाली कहा है। उनके शब्दों में—"Advertising is in itself but a channel of expression." अर्थात् विज्ञापन स्वयं में अभिव्यक्ति का माध्यम है। यह अभिव्यक्ति रचनात्मक एवं कलात्मक है।

उपभोक्तावादी संस्कृति में विज्ञापन

उपभोक्तावादी संस्कृति में विज्ञापन के नये सन्दर्भ सामने आये हैं। डेविड पॉटर अपनी पुस्तक 'पीपल्स ऑफ प्लेंटी' में विज्ञापन को 'institution of abundance' कहकर परिभाषित करते हैं। उनके अनुसार उपभोक्ता केन्द्रित समाजों में विज्ञापन ही उसे प्रशिक्षित करता है कि वह उपभोक्ता होने की भूमिका कैसे निभाए। इस प्रक्रिया में विज्ञापन उनके मन में नयी आवश्कताएँ पैदा करता है जो वास्तव में हैं ही नहीं। उपभोक्तावादी संस्कृति के निर्माता के रूप में विज्ञापन बार-बार विवादों के घेरे में आया है। उसके बहुअर्थी आशय हमारे समाज और संस्कृति पर व्यापक प्रभाव डालते हैं।

विज्ञापन : परिभाषा

विज्ञापन की सबसे प्रमुख परिभाषा अमेरिकन मार्केटिंग एसोसिएशन द्वारा दी गयी—

"Any paid form of non-personal presentation of ideas, goods or services by an identified sponsor".

यह परिभाषा मुख्यतः विज्ञापन के व्यावसायिक पक्ष पर बल देती है। इसका सारा बल विज्ञापन को एक व्यावसायिक प्रक्रिया सिद्ध करने पर है। विज्ञापन किसी प्रकार की फ्री सेवा नहीं है। इसके लिए एक निश्चित प्रायोजक पैसा देता है। यह किसी भी रूप में, किसी भी माध्यम से प्रस्तुत किया जा सकता है। विज्ञापन विचारों, उत्पादों अथवा सेवाओं के विषय में अवैयक्तिव ढंग की प्रस्तुति है अर्थात् विज्ञापन का स्वरूप दरवाज़े से दरवाज़े तक जाने वाले, सीधा प्रचार करने वाले विक्रेता से भिन्न है। यहाँ भुगतान के बदले में सूचना प्रसारित की जाती है।

विज्ञापन की एक अन्य प्रसिद्ध परिभाषा न्यू इन्साक्लोपीडिया ब्रिटेनिका में दी गयी है—Advertising is a form of communication intended to promote the sale of product or service to influence public opinion, to gain political support or to advance a particular cause."

इस परिभाषा में विज्ञापन को मूलतः सम्प्रेषण माना गया है। विज्ञापन एक ऐसा सम्प्रेषण है जिसका उद्देश्य किसी उत्पाद या सेवाओं की विक्रय वृद्धि में

योगदान देना; जनमत को प्रभावित करना; राजनीतिक समर्थन जुटाना या फिर किसी विशिष्ट उद्देश्य एवं आन्दोलन को आगे बढ़ाने में सक्रिय भूमिका निभाना है।

जेम्स ई. लिटिलफील्ड तथा सी. ए. किर्कपेट्रिक विज्ञापन की परिभाषा देते हुए लिखते हैं–"Advertising is mass communication of information intended to persuade buyers so as to maximize dollar profits."

यहाँ विज्ञापन को जनसंचार का वह रूप कहा गया है जिसके द्वारा ऐसी सूचना सम्प्रेषित की जाती है जिससे उपभोक्ता को उत्पाद खरीदने के लिए प्रेरित या राजी किया जा सके। यहाँ विज्ञापनकर्ता का उद्देश्य अवश्य ही मुनाफे में वृद्धि करना है।

वेबस्टर डिक्शनरी में दी गयी परिभाषा विज्ञापन के सरलतम रूप को प्रकट करती है। उसमें कहा गया है–"Any form of public announcement intended to aid directly or indirectly in the sale of a commodity, in securing employment, etc."

इस परिभाषा के अनुसार विज्ञापन एक सार्वजनिक घोषणा है जो किसी वस्तु को बेचने, नौकरी आदि प्राप्त करने में प्रत्यक्ष या अप्रत्यक्ष रूप से सहायक होती है। इस परिभाषा में विज्ञापन की पारम्परिक अवधारणा ही प्रकट होती है

एडवर्टाइजिंग एज में भी विज्ञापन को सूचना सम्प्रेषिक करने का माध्यम माना गया–"The dissemination of information concerning an idea, service or product to compel action in accordance with the intent of the advertiser."

यहाँ सूचना सम्प्रेषण की एक दिशा निर्धारित की गयी है। विज्ञापन किसी भी विचार, सेवा या उत्पाद के विषय में इस तरह सूचना देता है जिससे कि उपभोक्ता विज्ञापनकर्ता के निहित उद्देश्य के अनुसार कार्य करने को बाध्य हो जाये।

सी. एच. सैंडेज तथा बी. फ्राईबर्गर ने विज्ञापन के बहुआयामी स्वरूप को परिभाषित किया है। उनके अनुसार: "Advertising is multi dimensional; a powerful marketing tool a component of economic system; a means of financing the mass media; a social instituion; an art form; an instrument of business management; a field of empoyment and a paying profession."

विज्ञापन का स्वरूप बहुआयामीहै। वह बाज़ार और विपणन का सशक्त औजार, आर्थिक प्रक्रिया का अहम हिस्सा है। जनसंचार माध्यमों के लिए वह वित्तीय प्रबन्ध का मुख्य संसाधन है। विज्ञापन अपने आप में एक सामाजिक

संस्था है क्योंकि उसमें समाज के विभिन्न रूपों तथा सामाजिक सम्बन्धों की अभिव्यक्ति होती है। वह सामाजिक दृष्टिकोण, हमारे आचार-व्यवहार तथा आदतों को प्रभावित करता है। विज्ञापन एक कला-रूप भी है। उसके साथ-साथ वह व्यापर के संगठन और प्रबन्ध का प्रमुख उपकरण है। बहुत से लोगों के लिए विज्ञापन एक रोजगार है और अच्छा पारिश्रमिक देने वाला व्यवसाय है।

यह परिभाषा विज्ञापन के बहुआयामी व्यक्तित्व को स्थापित करती है। वह साधन और साध्य दोनों ही है। बाज़ार और व्यापर के क्षेत्र में विज्ञापन एक महत्त्वपूर्ण साधन है। निर्धारित लक्ष्यों को प्राप्त करने का उपकरण है। स्वतन्त्र कला के रूप में और व्यवसाय की दृष्टि से वह स्वयं ही लक्ष्य है, साध्य है। सन्तुलित ढंग से इस लक्ष्य को प्राप्त कर पाना एक विशिष्ट योग्यता की माँग करता है। यह उसी के लिए सम्भव है जिसमें क्षितिज के पार देखने की दृष्टि हो फिर भी उसके पैर ठोस धरती पर टिके हों।

एक ऐसी ही व्यापक परिभाषा डोरोथी कोहन ने भी दी। उन्होंने लिखा—"Advertising is a business activity, employing creative techniques to design persuasive communication in mass media that promotes ideas, goods and services in a manner consistent with the achievement of the advertiser's objectives, the delivery of consumer satisfaction and the development of social and economic welfare."

इस परिभाषा में कुछ महत्त्वपूर्ण बातों को लक्षित किया जा सकता है। यहाँ विज्ञापन को व्यावसायिक गतिविधि मानते हुए भी इस बात पर बल दिया गया है कि विज्ञापनकर्ता को जनसंचार माध्यमों के द्वारा अपना सनदेश कलात्मक प्रभावशाली ढंग से सम्प्रेषित करना होता है। इस परिभाषा में 'विज्ञापनकर्ता के लक्ष्य' तथा 'उपभोक्ता के संतोष'-दोनों को मान्यता दी गयी है। साथ ही विज्ञापन का दायारा बढ़ाकर सामाजिक-आर्थिक खुशहाली को विकसित करने में उसकी भूमिका को रेखांकित किया गया है।

भारतीय विद्वानों ने विज्ञापन की जो परिभाषाएँ दीं उनमें भी उन्हीं विशेषताओं को लक्षित किया जा सकताहै जो उपरोक्त विश्लेषण में प्रस्तुत हैं।

श्री बी. एस. राठौर ने लिखा—"विज्ञापन सूचनाओं को सार्वजनिक भुगतान प्राप्त साधनों द्वारा प्रचारित करता है, जिसका उद्‌गम स्पष्टतः सौजन्य प्राप्त संगठन के रूप में पहचाना जाता है।"

के. के. सक्सैना के शब्दों में—"विज्ञापन का तात्पर्य एक ऐसी पद्धत से है

जिसके द्वारा कुछ निश्चित वस्तुओं या सेवाओं के अस्तित्व तथा विशेषताओं की ओर लोगों का ध्यान आकृष्ट किया जाता है।"

विजय कुलश्रेष्ठ के अनुसार–"विज्ञापन किसी उत्पाद, किसी विचार, या सेवा के विक्रय का एक सर्वोत्तम सन्देश है जो कम-से-कम व्यय में उपभोक्ता तक पहुंचाया जा सकता है। विज्ञापन प्रचार का ऐसा साधन है जो बिना किसी राजनीतिक, धार्मिक या साम्प्रदायिक दबाव के जनता या उपभोक्ता में अपने लिए आवश्यकता का रुझान उत्पन्न करता है तथा अपनी उत्तमता और उपयोगिता की बातें दुहराकर उपभोक्ता की क्रय-सामर्थ्य का विकास करता है।"

विज्ञापन के विकासशील स्वरूप को लक्षित करते हुए डॉ. हरिमोहन ने विज्ञापन की सन्तुलित परिभाषा दी। उन्होंने लिखा–"विज्ञापन ऐसा साधन है, जो लिखित या मौखिक शब्दों, चिह्नों, छावियों, ध्वनियों, रंगों में बँधे विचार और सन्देश को अधिक-से-अधिक लोगों तक पहुँचाने की कला से परिपूर्ण रहता है, जिसकी सफलता इस बात में निहित हे कि वह अधिक-से-अधिक लोगों को प्रभावित कर सके, अपने पक्ष में उनकी इच्छाओं को मोड़ सके, इच्छित उत्पाद को देखने एवं खरीदने के लिए प्रेरित कर सके।"

भारत में विज्ञापन से जुड़े लोगों ने विज्ञापन के स्वरूप और उद्देश्य पर अत्यन्त मौलिक टिप्पणियाँ की हैं। एलीक पदमीस का कहना है कि जब एक व्यक्ति धोती की जगह पैंट-कमीज पहनता है तो वह विज्ञापित कर रहा है कि वह पश्चिम से प्रभावित है। जब एक स्त्री लिपस्टिक लगाती है तो वह विज्ञापित करती है कि वह सुन्दर दिखना चाहती है। जब एक नेता भाषण देता है, वह भी विज्ञापित करता है कि वह ध्यान आकर्षित करना चाहता है। विज्ञापन ध्यान आकर्षित करने के मानवीय स्वभाव का हिस्सा है।

"When a man wears trouser-shirt ensemble instead of a dhoti, he is advertising he is westernised. When a woman wears lipstick, she is advertising that she wants to look beautiful. When a neta delivers a speech, he is advertising that he wants to be noticed. Ads are parts of human nature to be noticed."

पदमसी की यह टिप्पणी ध्यान आकर्षित करने या नजरों में बने रहने की कला को विज्ञापन का मूल तत्त्व मानती है।

विज्ञापन की बदलती अवधारणाओं को सुब्रोतो सेनगुप्ता ने अपनी पुस्तक Brand Positioning Strategies for Competitive Advantage में इस बात पर बल दिया कि विज्ञापन का लक्ष्य ब्रांड की विशिष्ट पहचान बनाना

है। उन्होंने लिखा–"Advertising is the discovery and communication of a persuasive difference for a brand to the target prospect."

यह सही है कि विज्ञापन का उद्‌गम सूचना के स्रोत-रूप में ही हुआ था। एक ही सूचना बहुत लोगों तक एक साथ पहुँच सके, यह विज्ञापन का प्रारम्भिक उद्देश्य था, जो आज भी किसी-न-किसी अंश में विज्ञापन के मूल स्वरूप में निहित है। जनसंचार के फैलते नेटवर्क से इस उद्देश्य की ओर भी गति मिली है। मार्केटिंग के क्षेत्र विस्तार के साथ विज्ञापन का मुख्य उद्देश्य बिक्री बढ़ाने के साथ-साथ विज्ञापनकर्ता के मुनाफे को भी लगातार बढ़ाते रहना हो गया है। विज्ञापन के कुछ सामाजिक दायित्व भी हैं जिन्हें पूरा करना अपेक्षित है।

विज्ञापन की उपयोगिता

विज्ञापन क्या है ? इनका उद्देश्य क्या है? इसकी खुलकर चर्चा ऊपर की जा चुकी है। अब हम इस निष्कर्ष पर पहुँचते हैं कि आज के युग में वस्तु के प्रति प्रेरणा, रुचि विश्वसनीयता जगाकर उपभोक्ता एवं अन्य व्यक्तियों के लिए विज्ञ।पन की जो उपयोगिता है उसे नकारा नहीं जा सकता। उत्पादक अपने उत्पाद को बाज़ार में बेचने में असमर्थ रहेगा। आज बाज़ार में नाम बिकता है और नाम के दाम दिये जाते हैं यह केवल विज्ञापनों से मुमकिन होता है।

विज्ञापन से महज विज्ञापक को ही लाभ नहीं होता अपितु उपभोक्ता को भी पर्याप्त लाभ होता है। घर बैठे-बैठे नवीनतम उत्पादनों की जानकारी उपलब्ध होती है। विज्ञापन की उपयोगिता का सम्बन्ध जहाँ विज्ञापक और उपभोक्ता के लाभों से गहन सम्बन्ध रखता है, वहीं अन्य लोगों को कलाकारों विद्वानों के साथ-साथ पत्र-पत्रिकाओं को भी आर्थिक लाभ देता है। नवीनतम विचारों से सामाजिकों के ज्ञान का स्तर ऊपर उठता है, उनकी रचनात्मक शक्ति का उपयोग होता है, जिससे बेरोजगरी की समस्या दूर होती है।

उपयोगिताएँ जहाँ गिनाई जाती हैं वहाँ त्रुटियाँ भी गिनाई जा सकती हैं। ऐसी-ऐसी त्रुटियाँ तथा दोष होते हैं उन्हें अनदेखा नहीं किया जा सकता क्योंकि विज्ञापन कई बार अनावश्यक वस्तुओं का विज्ञापन कर उनमें अनावश्यक क्रय-इच्छा जगाता है और उनकी गाढ़ी कमाई पानी की तरह बहा देता है। कई बार विज्ञापन निम्नस्तरीय वस्तुओं को भी अपने मनमोहक रंगों तथा शब्दजाल से बिकवा देता है।

विज्ञापन का महत्त्व

विज्ञापन के उद्देश्यों की जानकारी विज्ञापन के महत्त्व को स्वतः सिद्ध करती है। साहित्य और मीडिया के विद्यार्थियों के लिए विज्ञापन के महत्त्व को आर्थिक दृष्टि से समझना एक नया परिप्रेक्ष्य प्रस्तुत करता है। विज्ञापन ने हमारे अर्थतन्त्र को नयी ऊर्जा एवं गतिशीलता प्रदान की है। आक्रामक विज्ञापन के आधार पर बाज़ार का माहौल बदल गया है। खरीदने-बेचने की गतिविधियों में तेज़ी आयी है जिससे अर्थव्यवस्था का वह रूप सामने आ रहा है जो पहले कभी नहीं था। उत्पादक-उपभोक्ता सम्बन्धों में भी परिवर्तन हुआ है। उपभोक्ता की महत्ता निर्विवाद रूप से बढ़ गयी है।

किसी भी वस्तु या उत्पाद की गुणवत्ता ही उसे उपभोक्ताओं के बीच प्रचलित करती है। उपभोक्ताओं को सन्तुष्ट करने के लिए, उनकी जरूरत के अनुसार उत्पाद में नये-नये परिवर्तन किये जाते हैं। विज्ञापन अप्रत्यक्ष ढंग से कम्पनी पर उत्पाद को बेहतर बनाने के लिए दबाव डालता है। विज्ञापन में जो दावे किये जाते हैं वे अतिरंजनापूर्ण होते हैं। यदि उत्पाद और विज्ञापन में बहुत अन्तर हुआ तो उत्पाद को कभी भी बाज़ार और उपभोक्ता की स्वीकृति नहीं मिलेगी। इसलिए यह जरूरी है कि विज्ञापन जिन दावों को पेश करता है उन्हें पूरा करने की कोशिश करे। सामाजिक स्तर पर यह उत्पादन की प्रगतिशीलता की निशानी है क्योंकि यह सुनिश्चित करता है कि उत्पादनकर्ता अच्छे-से-अच्छे उत्पाद विकसित करने के लिए पूँजीनिवेश करेंगे जिससे ग्राहक की सुविधाओं में वृद्धि करने वाली वस्तुओं एवं सेवाओं का विकास सम्भव होगा। उपभोक्ताओं की संख्या भी बढ़ेगी और अन्ततः देश की भौतिक-आर्थिक उन्नति की नयी दिशाएँ खुलेंगी।

कुछ विद्वानों का यह मानना है कि विज्ञापन उत्पाद के मूल्य में वृद्धि करता है। इस मत को पुष्ट करने के लिए यह सिद्धांत प्रतिपादित किया गया कि प्रत्येक उत्पाद का एक निश्चित मूल्य होता है जिस पर वह बाज़ार में उपलब्ध रहता है, लेकिन विज्ञापन के साथ उस वस्तु की माँग बढ़ जाती है। यदि माँग ज्यादा हो और पूर्ति कम हो तो दाम अपने आप बढ़ जायेगा। माँग में होने वाली बढ़त अवास्तविक कारणों से नहीं है। इसमें उपभोक्ता की इच्छा और पसन्द सक्रिय है। विज्ञापन के बाद उपभोक्ता को यह अहसास तीव्र होता है कि उसे वह उत्पाद चाहिए और अपने सन्तोष के लिए ही वह उसे कुछ अधिक देकर भी पाना चाहता है। हर उत्पाद को आजकल बाज़ार में इसी तरह उतारा जाता है। बाज़ार में लाते वक्त उसकी जो कीमत होती है वह थोड़े ही दिनों में बढ़

जाती है क्योंकि विज्ञापन उसके लिए स्वीकृति का आधार निर्मित कर देता है।

विज्ञापन कीमत बढ़ाता है तो दूसरे रास्ते से कम भी करता है। विज्ञापन के बल पर उत्पादन का व्यापक प्रचार-प्रसार हो जाता है उससे वितरण में सुविधा होती है और उसको बेचने में जो कुल लागत आती है वह कम हो जाती है। इसका सकारात्मक प्रभाव उत्पाद के दाम को कम रखने में भी मदद करता है।

यह आर्थिक गतिशीलता, सामाजिक खुशहाली का अंग बनती है, और अलग-अलग स्तर पर हमारे जीवन को प्रभावित करती है। देखने में विज्ञापन की गतिविधियाँ सीमित दायरों में सिमटी हुई नजर आती हैं, लेकिन उसकी असंख्य अन्तर्ध्वनियाँ हमारे समाज और संस्कृति पर व्यापक प्रभाव छोड़ती है। यद्यपि सांस्कृतिक आशयों की दृष्टि से विज्ञापन अनेक विवादों के घेरे में रहा है जिस स्तरीय महत्त्व को स्वीकारना आवश्यक है। यह आर्थिक व्यवस्थाओं की धुरी, जन-जागृति का वाहक, सामाजिक खुशहाली का सूचक तथा सकारात्मक दृष्टिकोण का पोषक है।

विज्ञापन : उद्देश्य, कार्य एवं महत्त्व

विज्ञापन की अवधारणा एवं विकास के विभिन्न पड़ावों से गुजरते हुए उसके उद्देश्य एवं कार्य बहुत सीमा तक स्पष्ट हो गये हैं। फिर भी उनका पुनर्वलोकन महत्त्वपूर्ण है। उसके विभिन्न कार्यों को एक साथ देखने पर ही विज्ञापन के कथित एवं प्रच्छन्न उद्देश्यों की पहचान हो सकती है। विज्ञापन एक ऐसी गतिविधि है जिसमें क्रिया-प्रतिक्रिया का भाव रहता है यानी हर सन्देश किसी-न-किसी उद्देश्य से ही प्रस्तुत किया जाता है और उसकी प्रतिक्रिया में भी जन-समाज या उपभोक्ता समाज की ओर से कोई जवाबी कार्यवाही होती है। यह क्रिया-प्रतिक्रिया भाव ही विज्ञापन के सभी प्रमुख सिद्धांतों का आधार है।

सिद्धांत इस बात को प्रतिष्ठित करते हैं कि सफल विज्ञापन वही है जो आपका ध्यान आकृष्ट करते हुए आपके व्यवहार को विज्ञापन द्वारा प्रस्तावित उद्देश्य की ओर मोड़ सकता है। इस बात के अलग-अलग अभिप्राय हो सकते हैं–जैसे उपभोक्ता के इस्तेमाल की वस्तु का विज्ञापन है तब उसका उद्देश्य है कि आपके मन में उसे पाने की इच्छा जगाए और अन्ततः आपके निर्णय को इस तरह प्रभावित करे कि आप उसके खरीददार हों। यदि यही विज्ञापन बीमा सेवा या पूँजीनिवेश का है तब उसकी सार्थकता उसे सम्भव बनाने में है। स्थिति यह भी हो सकती है कि विज्ञापन अगर धूमपान निषेध या नशाबन्दी का है तब भी उसकी सफलता इसी बात में निहित है कि वह इच्छित प्रतिक्रिया उत्पन्न करे।

सन्देश-प्रेषण की प्रक्रिया ही विज्ञापन के उद्देश्यों को सुनिश्चित करती है अर्थात् इसमें एक छोर पर विज्ञापनदाता या प्रेषक है तो दूसरे छोर पर प्रापक या उपभोक्ता। इनके बीच सन्देश का डीकोडीकरण उचित ढंग से होना चाहिए–

प्रेषक–सन्देश–प्रापक

ऐसी नहीं है कि कि प्रापक को विज्ञापन से कोई लाभ न मिलता हो, लेकिन फिर भी विज्ञापन की संरचना विज्ञापनकर्ता के उद्देश्य को केन्द्र में रखती है। चूँकि विज्ञापनकर्ता अलग-अलग हो सकते हैं उनके उद्देश्य भी अनेक प्रकार के

हो सकते हैं। व्यावसायिक दृष्टि से विज्ञापन का प्रमुख उद्देश्य अपने सामान को रचनात्मक ढंग से बेचना है तो राजनीतिक दृष्टि से अपनी पार्टी के या उम्मीदवार के लिए वोट बटोरना। कुछ लोग किन्हीं विचारों के प्रतिपादन के लिए, जनमत को प्रभावित करने के उद्देश्य से विज्ञापन कर सकते हैं। गैरसरकारी संस्थाएँ चंदा इकट्ठा करने के लिए या उत्साही कार्यकर्त्ताओं के लिए विज्ञापन दे सकती हैं। विज्ञापन विविधमुखी हो सकते हैं और उनके उद्देश्य भी, लेकिन उनकी सफलता अपना निर्धारित लक्ष्य प्राप्त करने में ही है।

इस लक्ष्य के आधार पर विज्ञापन के तीन प्रमुख उद्देश्य स्वीकार किये गये हैं—

- सूचना देना
- स्वीकृति बनाना
- प्रभावित करना

विज्ञापन की मूल प्रकृति सूचनापारक है—वह उत्पाद और सेवाओं के विषय में जानकारी देता है। विज्ञापन प्रदत्त जानकारियाँ केवल वस्तुओं और उनकी कीमतों तक ही सीमित नहीं हैं, वह अनेक सामाजिक गतिविधियों के विषय में भी जानकारी देता है।

अंग्रेज़ी में विज्ञापन को प्रायः persuasive communication कहा जाता है यानी सम्प्रेषण का वह रूप जिसमें पाठक, श्रोता, दर्शक को मनाया जा सके, रिझाया जा सके। उसे अपना उत्पाद खरीदने को राजी किया जा सके। कुल मिलाकर, पूरा बल विज्ञापन के प्रस्ताव के प्रति स्वीकृति बनाने का है और यह तभी सम्भव है जब विज्ञापन कहीं-न-कहीं उपभोक्ता के मन को छू सके। किसी ऐसे लाभ का विनिमय कर सके जो सचमुच आवश्यक हो।

प्रभावित करने से इशारा दोतरफा है। एक तो उपभोक्ता को बार-बार याद दिलाया जाये कि उत्पाद, सेवा या सन्देश के लाभ क्या हैं। दूसरे, उससे सम्भावित प्रतिक्रिया सम्पन्न हो यानी दर्शक, श्रोता, पाठक के मन में, उसके दृष्टिकोण में वह गतिशील परिवर्तन आये जो उसके व्यवहार को अनुमानित दिशा की ओर प्रेरित करे। याद रहे, व्यवहार का यह अनुकूलन व्यावसायिक घेरे के बाहर भी हो सकता है।

इन तीन व्यापक उद्देश्यों के साथ विज्ञापन के और भी बहुत सारे उद्देश्य हो सकते हैं जैसे ब्रांड की विशिष्ट पहचान बनाना, उस ब्रांड के लिए निष्ठावान उपभोक्ताओं की संख्या बढ़ाना, मुनाफे में वृद्धि करना। उपभोक्ताओं की दृष्टि से उन्हें विश्वसनीयता को बनाए रखने के लिए उत्पाद पर बेहतर होने का दबाव डालना, प्रतिस्पर्धा के कारण दाम पर नियन्त्रण करना आदि। इस तरह विज्ञापन का उद्देश्य बाज़ार और समाज में एक सकारात्मक दृष्टिकोण को विकसित करना होना चाहिए। इसी से इसका महत्त्व स्थापित होता है।

विज्ञापन और पत्रकारिता

विज्ञापन पत्रकारिता की रीढ़ है। इसके बिना पत्रकारिता सम्भव नहीं हो पाती। पत्रकारिता उद्योग की आर्थिक स्थिरता, दृढ़ना और स्वावलम्बन की बुनियाद विज्ञापन पर आश्रित रहती है। आम जनता की विज्ञापन में रुचि रहती है और समाचार-पत्र उनके लिए विज्ञापन के प्रमुख स्रोत हैं। सूचना के विस्फोट के इस युग में प्रचार का महत्त्व है। यदि हम नयी चीज़ की खोज करते हैं, पैदा करते हैं वह संसार द्वारा तभी जानी जाती है, जब उसका व्यक्ति दर व्यक्ति समाज तक प्रचार होता है और वह प्रचार विज्ञापन द्वारा ही सम्भव होता है। पर सत्य का आधार जिस विज्ञापन में रहता है वे ही विज्ञापन के पात्र बनते हैं और उन्हें व्यक्ति की सहमति भी मिलती है।

"पश्चिमी राष्ट्रों में जहाँ प्रजातन्त्र कायम है और वैचारिक स्वतन्त्रता है, समाचार-पत्र अधिकतर आर्थिक लाभ के लिए प्रकाशित किये जाते हैं। कम-से-कम आर्थिक संकट में आत्मनिर्भर होना उनके लिए आवश्यक माना जाता है। अन्यथा उनकी स्वतन्त्रता में बाधा उपस्थित हो जाती है।" (समाचार-पत्र व्यवस्थापन : अनन्त गोपाल शेवड़े, मध्य प्रदेश हिन्दी ग्रन्थ अकादमी, पृ. 2) हमारे देश में भी स्वाधीनता के बाद समाचार-पत्रों के व्यवसाय विभाग के प्रति विशेष ध्यान दिया जाता है। हमारे समाचार-पत्र मालिक समझने लगे हैं कि समाचार-पत्र आर्थिक लाभ की दृष्टि से ही छापे जा सकेंगे जो कि स्वतन्त्रता से पहले "समाचार-पत्र आर्थिक लाभ की दृष्टि से हरगिज नहीं प्रकाशित किये जाते थे। अक्सर वे घाटे में ही चलते थे। लोगों से चंदा माँगकर, अपना पेट काटकर, रात-दिन मेहनत करके, घोर संघर्ष और विपदा में उनका प्रकाशन होता था। एक अंक निकल पाया तो दूसरा अंक कैसे निकलेगा, उसकी चिन्ता बनी रहती थी। घाटे के दो कारण रहते थे। एक तो सरकार की नाराजगी जो हमेशा इन समाचार-पत्रों की तरफ टेढ़ी नजर से ही देखा करती थी। सरकारी विज्ञापन मिलना तो असम्भव था, लेकिन सरकारी नौकरों को और सरकार परस्त

नागरिकों को इनका खरीदना भी मना था। सभी उद्योगधन्धे ब्रिटिश शासकों के अनुग्रह पर ही चलते थे।" (समाचार-पत्र व्यवस्थापन : अनन्त गोपाल शेवड़े, मध्य प्रदेश हिन्दी ग्रन्थ अकादमी, पृ. 3)

उस पराधीनता के युग में समाचार-पत्र चलाने का मतलब था आग से खेलना, गरीबी से जूझना और सरकारी कोप का भाजन बनना। लेकिन स्वतन्त्रता प्राप्ति के बाद समाचार-पत्रों की नीति में तेज़ी के साथ परिवर्तन हुए। नये वातावरण, नये कर्तव्यों और दायित्वों के वहन में समाचार-पत्रों का चेहरा बदलने लगा। परिवर्तन अंतरंग रूप से तथा बाह्य रूप दोनों स्तर पर सम्भव हो पाया। "नयी परिस्थिति में समाचार-पत्र व्यवस्था का कार्य एक शास्त्र बन गया है और उसमें प्रवीणता प्राप्त करना समाचार-पत्र के अस्तित्व और सफलता के लिए आवश्यक ही नहीं वरन् अनिवार्य हो गया है। समाचार-पत्र एक विक्रय वस्तु बन गया है। उस पर अब अर्थनीति माँग और पूर्ति के, वे सभी नियम लागू होते हैं जो किसी अन्य दैनिक उपयोग के पदार्थ के लिए, जैसे साबुन, चाय, सिगरेट, कपड़ा आदि लागू होते हैं। उत्पादन कौशल और व्यवसाय बुद्धि की यहाँ अब उतनी ही आवश्यकता होती है।"[2] (वही, पृ. 8) जनसाधारण अब जागरूक है उसे भले-बुरे, हानि-लाभ ही पूर्ण पहचान है। इस तरह उसे गुमराह करना आसान काम नहीं है। इसीलिए विज्ञापन प्रकाशन में सत्य और तथ्य को नजरअन्दाज किया ही नहीं जा सकता। प्रकाशन में संयम, शालीनता और सौजन्य हो तो वे विज्ञापन मन और मस्तिष्क पर अमिट प्रभाव अवश्व छोड़ेंगे।

विज्ञापन समाचार-पत्र के प्रमुख साधन होते हैं। इनसे समाचार-पत्रों की आय तो बढ़ती है कभी-कभी आयकर चुकाने का भी सिरदर्द बढ़ता है। इससे समाचार-पत्र को आर्थिक स्वावलम्बन मिलता है। किसी पूँजीपति, राजनीतिक दल का मुँह ताकने की आवश्यकता नहीं रहती। समाचार-पत्र निष्पक्ष तथा निर्भीक होकर अपना कार्य कर सकते हैं। अधिक पाठक संख्या और अधिक विज्ञापन के पारस्परिक सामंजस्य से समाचार-पत्र की लोकप्रियता भी बढ़ती है। इसीलिए समाचार-पत्रों में प्रेस कमीशन ने पठन सामग्री तथा विज्ञापन के प्रकाशन में 60:40 का अनुपात सुनिश्चित करके ग्राहक तथा पाठकों के साथ न्याय किया है और समाचार-पत्र के लिए भी आर्थिक आधार को सुनिश्चित किया है। इस दृष्टि से समाचार-पत्रों का प्रकाशन इस तरह होना चाहिए जिससे विज्ञापनदाता तथा आम पाठकों को सन्तुष्टि मिले। इसी मंगल-भावना से समाचार-पत्र में छपी पठनीय समग्री एवं विज्ञापन समाज सेवा व लोक कल्याण के आधार स्तम्भ बन सकते हैं। जिस तरह विज्ञान तथा अन्य कला से सम्बद्ध विषयों में निरन्तर

शोध कार्य होता है और सम्भावनाएँ फिर भी बनी रहती हैं उसी तरह विज्ञापन के क्षेत्र में भी व्यावसायिक कौशल को बढ़ाने हेतु शोध कार्य को हाथ में लिया जाना चाहिए। इससे समाचार-पत्र तथा समाचार-पत्रों में प्रकाशित किये जाने वाले विज्ञापन सही अर्थ में शिक्षाप्रद, सूचनाप्रद एवं आकर्षक बन पायेंगे और इससे समाचार-पत्र की उपयोगिता भी बढ़ेगी।

समाचार-पत्र और विज्ञापन इन दोनों का सामाजिक महत्त्व इस बात से प्रकट हो रहा है कि हमें घर पर नौकर चाहिए, किराए पर मकान देना या लेना है, नौकरी देनी या लेनी है, अपने व्यवसाय की सूचना आम लोगों को देनी है, अपने उत्पादन की विशेषताओं का बखान करना है, जानवर खरीदने-बेचने हैं, जमीन-जायदाद की खरीद-फरोख्त हो या पेड़-पौधों की, हमें इनका सहारा लेना ही पड़ता है क्योंकि यह एक ऐसा साधन है जिनके माध्यम से हम अपनी संवदेनाओं को सही स्वर दे सकते हैं और अपने मनोरथों की एक सीमा तक प्रतिपूर्ति कर सकने में भी समर्थ हो सकते हैं।

विज्ञापन : वर्गीकरण

विज्ञापन के महत्त्व पर चर्चा करते हुए हमने समझा कि विज्ञापन केवल आर्थिक प्रक्रिया का हिस्सा भर नहीं हैं। उसका विस्तार जीवन के लगभग हर क्षेत्र पर छाया हुआ है, लेकिन हर वक्त, लगातार विज्ञापन से घिरे रहकर भी यह सवाल आम आदमी के लिए कोई खास महत्त्व का नहीं होता कि जिस विज्ञापन से हम रूबरू हैं, वह किस प्रकार का है या फिर विज्ञापन का वर्गीकरण किस-किस आधार पर किया जा सकता है। विज्ञापन को वर्गीकृत करने की आवश्यकता है भी या नहीं। सामान्यतः विज्ञापन देखते-पढ़ते या सुनते हुए ऐसे प्रश्न हमारे जेहन में नहीं आते। विज्ञापन का प्रभाव हम पर मात्र इतना ही होता है कि या तो हम विज्ञापन विशेष में प्रस्तावित अपील का अनुसरण अपने व्यवहार में लक्षित करें या फिर उसे सूचना या मनोरंजन समझकर उसे मात्र सतही ढंग से ही ग्रहण करें। विज्ञापन के विद्यार्थी-अध्येता की स्थिति इससे भिन्न होती है। विज्ञापन का वर्गीकरण उसे वह अन्तर्दृष्टि देता है जिससे इस सारी कार्यविधि की बारीकियाँ उस पर उजागर हो जायें। विज्ञापन के निर्माण से लेकर उसके विश्लेषण तक के अलग-अलग पड़ावों को वह गहराई से समझ सके।

विज्ञापन के वर्गीकरण के आधार सुनिश्चित करने से पहले हमें एक बार फिर उसके स्वरूप एवं उद्देश्य की ओर लौटना होगा। 1. विज्ञापन सूचना सम्प्रेषण का वह रूप है जो किसी संचार माध्यम का प्रयोग करता है। 2. जिसकी विषय-साम्रगी (जो कुछ भी वहाँ कहा जा रहा है) किसी निश्चित जन-समाज की ओर लक्षित है। 3. इस लक्षित जन समाज को सम्बोधित करने के अनेक उपकरण वहाँ मौजूद हैं तथा 4. उसकी पहुँच का फलक भी विविधमुखी हो सकता है।

विज्ञापन कितने लोगों तक पहुँचता है, उसका प्रसार क्षेत्र कितना बड़ा है जब भौगोलिक क्षेत्र-विस्तार को आधार बनाकर वर्गीकरण किया जाता है तब विज्ञापन के निम्न रूप सामने आते हैं,

- अन्तर्राष्ट्रीय विज्ञापन

- राष्ट्रीय विज्ञापन
- क्षेत्रीय/स्थानीय विज्ञापन।

विज्ञापन के वर्गीकरण का सबसे प्रमुख और सबसे प्रचलित आधार है वह **माध्यम** जिसके द्वारा विज्ञापन संप्रेषित होता है। ज्यों-ज्यों तकनीक का विस्तार होता जाता है। विज्ञापन के नये-नये माध्यम सामने आने लगते हैं। आज विज्ञापन के जो प्रमुख माध्यम उपलब्ध हैं उन्हें निम्न कोटियों में रखा जा सकता है :

मुद्रित माध्यम	इलेक्ट्रॉनिक माध्यम	अन्य माध्यम
समाचार-पत्र	रेडियो	मोबाइल
पत्रिकाएँ	टेलीविज़न	डाक
स्मारिकाएँ	सिनेमा	बाह्य (बिलबोर्ड)
हैंडबिल	वीडियो	
पोस्टर	इंटरनेट	

प्रत्येक माध्यम की अपनी विशेषताएँ हैं। बहुत सोच-समझकर ही माध्यम का चुनाव किया जाता है। विज्ञापन को अंग्रेज़ी में 'paid form of communication' कहा गया अर्थात् विज्ञापन के मुद्रण-प्रसारण के लिए काफी धन का व्यय करना पड़ता है। इसलिए यह आवश्यक है कि अपने सन्देश को संचरित करने के लिए उचित माध्यम चुना जाये। **माध्यम** के आधार पर विज्ञापन भी अनेक प्रकार के हो सकते हैं:

- मुद्रित विज्ञापन
- श्रव्य विज्ञापन
- दृश्य-श्रव्य विज्ञापन।

तीसरा आधार विज्ञापन की **विषय-वस्तु** है यानी विज्ञापन वस्तु सम्बन्धित है, सेवा सम्बन्धी, वित्त सम्बन्धी आदि। अलग-अलग क्षेत्र से जुड़े विज्ञापन, अलग-अलग लक्षित उपभोक्ता वर्ग को सम्बोधित करते हैं। यही कारण है कि बहुत से विद्वानों ने विज्ञापन के इस वर्गीकरण का आधार विज्ञापन की विषय-वस्तु न कहकर लक्षित उपभोक्ता वर्ग ही कहा है। बहरहाल इस आधार पर विज्ञापन के मुख्य प्रकार हैं:

- वस्तु विज्ञापन
- सेवा विज्ञापन
- सामान्य सहकारी विज्ञापन
- औद्योगिक विज्ञापन
- वित्तीय विज्ञापन

- संस्थागत विज्ञापन
- जनहित में जारी विज्ञापन
- राजनीतिक विज्ञापन

अपनी बात को विज्ञापन में कैसे कहा जाये, इसका विशेष महत्त्व है। इसके लिए विज्ञापन बहुत-सी पद्धतियों का प्रयोग करते हैं जैसे-प्रत्यक्ष कथन, अप्रत्यक्ष कथन। इनके अतिरिक्त विज्ञापन की प्रस्तुति में तरह-तरह की **अपील** का उपयोग होता है। कभी तुलना की जाती है, कभी याद दिलाया जाता है, कभी भावनात्मक स्तर पर उपभोक्ता को मनाया जाता है आदि। उक्त सभी दृष्टियों से प्रमुख विज्ञापन इस प्रकार हैं–

- सूचनापरक विज्ञापन
- प्रतिष्ठापरक सम्मानक विज्ञापन
- तुलनात्मक विज्ञापन
- प्रत्यक्ष कार्यवाही के विज्ञापन
- अप्रत्यक्ष कार्यवाही के विज्ञापन

अन्तर्राष्ट्रीय विज्ञापन

भूमण्डलीकरण की अवधारणा का जन्म विश्व बाज़ार की संकल्पना से ही हुआ है। विश्वग्राम जैसे शब्दावली का निहितार्थ बाज़ार ही है। बहुराष्ट्रीय कम्पनियाँ निरन्तर अपना प्रभाव क्षेत्र बढ़ाने में जुटी हैं। खान-पान का क्षेत्र हो, बिजली उपकरणों का, कपड़े-जूतों, गाड़ियों का या फिर अन्य तकनीकी सुविधाओं व सेवाओं का बहुराष्ट्रीय कम्पनियों तेज़ी से विश्व के लगभग सभी देशों में और विशेषतः उन देशों में जहाँ के निवासियों में खरीदने की क्षमता है, अपने पैर पसार रही हैं। ये कम्पनियाँ जिस अक्रामकता से बाज़ार में प्रवेश करती हैं और अपनी जगह बनाती हैं उसमें विज्ञापन बहुत महत्त्वपूर्ण भूमिका निभाता है। इन कम्पनियों का विज्ञापन बजट काफी बड़ा होता है। इस आक्रामक विज्ञापन नीति के ही कारण बहुत बार वे पूरी तरह बाज़ार में उतरने से भी पहले इतना माँग-क्षेत्र पैदा कर लेते हैं कि उससे उनका मुनाफा निश्चित हो जाता है। (यह स्थिति देशी और स्थानीय कम्पनियों के लिए प्रतिस्पर्धा में बने रहना कठिन बना देती है।)

अन्तर्राष्ट्रीय विज्ञापन वे विज्ञापन हैं जिनके लक्षित उपभोक्ता विश्वभर में हैं। उनके ब्रांड का नाम सभी देशों में समान रूप से पहचाना जाता है। मैकडोनाल्ड, पिज़्ज़ा हट, पेप्सी, कोका कोला, नेशनल पैनासोनिक, सोनी, आईबीएम, माइक्रकोसॉफ्ट, हुंडई, फोर्ड, सैमसंग, मैक्स लाइफ इंश्योरेन्स, अमेरिकन एक्सप्रेस

बैंक आदि ऐसी ही कम्पनियाँ हैं। इनके उपभोक्त विश्वभर में फैले हुए हैं। इनके द्वारा दिये गये विज्ञापन अन्तर्राष्ट्रीय प्रेस (रीडर्स डाइजेस्ट, टाइम्स मैगज़ीन) या अन्तर्राष्ट्रीय टेलीविज़न चैनलों में भी दिखाई पड़ते हैं। जब वे देश की सीमाओं में भी विज्ञापन कर रहे होते हैं तब प्रायः उनके विज्ञापन आकर्षक और अधिक खर्च से बनाए जाते हैं। उनका लक्ष्य बड़े-से-बड़े उपभोक्ता वर्ग को अपनी मुट्ठी में कर लेने का होता है। कभी-कभी जिस देश में वह विज्ञापन प्रसारित हो रहा होता है तब वहाँ की परिस्थिति और जन समाज की संवेदनशीलता को देखते हुए विज्ञापन ऐसे बनाए जाते हैं जो वहाँ के निवासियों को आकर्षित कर सके—जैसे भारत में मैकडोनाल्ड के आलू टिक्की बर्गर या पिजा हट के पनीर टिक्का या चिकन टिक्का वाले पिज़ा के विज्ञापनों में स्थानीय रंग देखा जा सकता है, लेकिन ऐसा उनकी बाज़ार-रणनीति के तहत ही किया जाता है। ब्रांड का नाम और उसका लोगो अन्तर्राष्ट्रीय स्तर पर एक ही रहता है और वही दुनियाभर में उसकी असली पहचान बनाता है।

राष्ट्रीय विज्ञापन

जो विज्ञापन राष्ट्रीय स्तर पर मुद्रित या प्रसारित किये जाते हैं, वे राष्ट्रीय विज्ञापन की कोटि में आते हैं। इन विज्ञापनों का लक्षित उपभोक्ता समाज देशभर में फैला हुआ है। इनकी उत्पादन क्षमता बड़ी होती है और वितरण प्रणाली भी विस्तृत होती है।

प्रायः देश के बड़े औद्योगिक घराने इस स्तर पर विज्ञापन देते हैं। टाटा, बिड़ला, रिलायंस ग्रुप की सभी कम्पनियाँ राष्ट्रीय स्तर पर विज्ञापन करती हैं। सरकारी मन्त्रालय एवं संगठन भी राष्ट्रीय विज्ञापन देते रहते हैं। वित्त मन्त्रालय की कर सम्बन्धी सूचनाएँ, स्वास्थ्य एवं जनहित के विज्ञापन पूरे राष्ट्र को सम्बोधित होते हैं। हाल ही में पल्स पोलियो और महिला सशक्तिकरण के विज्ञापन देश के कोने-कोने तक पहुँचाए गये। इनके अलावा सरकारी संगठन इंडियन ऑयल, एम एम टी सी, भारतीय जीवन बीमा निगम आदि भी राष्ट्रीय स्तर पर विज्ञापन देते रहते हैं।

राष्ट्रीय विज्ञापन के लिए वही मीडिया विकल्प चुने जाते हैं जिनकी पहुँच पूरे देश में हो।

स्थानीय विज्ञापन

रोजमर्रा की जरूरतों के लिए अक्सर व्यक्ति पास की दुकानों या सुविधाओं का

लाभ उठाना चाहता है। किरयाने की दुकान, ड्राईक्लीनर, ब्यूटी पार्लर, कैमिस्ट, रिटेल स्टोर आदि दुकानों के ग्राहक आस-पास के लोग होते हैं। कोई बड़ी आकर्षक दुकान हुई तो बहुत होगा उस शहर के लोग वहाँ तक आ जायेंगे। जो विज्ञापन स्थान या शहर विशेष तक सीमित रहते हैं, वहीं की जनता को सम्बोधित होते हैं, वे स्थानीय विज्ञापन कहे जाते हैं। इन विज्ञापनों के माध्यम प्रायः हैंडबिल, पोस्टर, बैनर, अखबारों में छोटे इश्तिहार, केबल टी. वी. पर स्लाइड आदि होते हैं। इन दुकानदारों व उत्पादकों का विज्ञापन बजट काफी कम होता है। इनका उत्पादन-वितरण नेटवर्क भी सीमित होता है। बहुत बार इन्हीं कम्पनियों में से कुछ लोग अपनी क्षेत्र सीमा का विस्तार कर लेते हैं। उनका व्यापार ज्यों-ज्यों बढ़ने लगता है वैसे ही उनका बाज़ार क्षेत्र भी बड़ा हो जाता है। उनका उद्योग स्थानीय से राष्ट्रीय और राष्ट्रीय से अन्तर्राष्ट्रीय सीमाओं को छूने लगता है। उसके साथ ही उनके विज्ञापन भी विकसित होते जाते हैं। एक दूसरी स्थिति यह भी है कि कभी-कभी कुछ बड़ी कम्पनियाँ अपने विज्ञापन की शुरुआत स्थानीय स्तर पर करती हैं। राष्ट्रीय स्तर पर उत्पाद और विज्ञापन जारी करने से पहले प्रयोग के स्तर पर उसे किसी एक शहर में शुरू किया जाता है जिससे उपभोक्ताओं पर उसके प्रभाव का आकलन करके भविष्य की रणनीति तय की जा सके।

मुद्रित विज्ञापन

प्रिंट माध्यम अर्थात् मुद्रित माध्यम के तहत आने वाले विज्ञापन मुद्रित विज्ञापन हैं। समाचार-पत्र, पत्रिकाएँ, स्मारिकाएँ, हैंडबिल, पोस्टर, साइनबोर्ड, डाक विज्ञापन, दीवारों आदि पर किये गये विज्ञापन या वाहनों के पीछे चिपकाये गये विज्ञापन आदि सभी उसी श्रेणी में आते हैं। यह विज्ञापन शब्दों और तस्वीरों के माध्यम से सन्देश सम्प्रेषित करते हैं। यह सन्देश साक्षर-जन समूह की ओर लक्षित होता है। लक्षित सामाजिक वर्ग में भी शिक्षा के स्तर को ध्यान में रखते हुए ही उसकी भाषा सरल या कौशलपूर्ण बनायी जाती है।

प्रिंट मीडिया के सन्दर्भ में हम अक्सर वर्गीकृत (classified) एवं **सजावटी** (display) विज्ञापनों को उनके अलग-अलग महत्त्व के कारण पहचानते हैं।

वर्गीकृत विज्ञापन

समाचार-पत्रों एवं पत्रिकाओं में वर्गीकृत विज्ञापनों के लिए अलग पृष्ठ निर्धारित रहते हैं। ये विज्ञापन ग्राहक से सीधा सम्बन्ध बनाने के उद्देश्य से दिये जाते हैं। इनमें कलात्मकता पर उतना बल नहीं होता जितना कि मूल सन्देश पर। अपनी

बात कम-से-कम शब्दों में सीधे-सीधे कही जा सके यही वर्गीकृत विज्ञापन की सार्थकता है। कम्पनियों एवं संस्थाओं के साथ-साथ इसमें आम आदमी भी विज्ञापन देते हैं। इनमें हर शब्द की कीमत होती है। इनका विषय वैविध्य भी अपार है। वैवाहिक विज्ञापन बड़े पैमाने पर दिये जा रहे हैं। इनका साथ ही नौकरी के लिए, रिक्त पदों की भर्ती के लिए, मकान-कार व अन्य सामान खरीदने-बेचने के लिए निविदा तथा नीलामी की सूचना के लिए, मित्र बनाने के लिए, पूँजीनिवेश के लिए और भी जहाँ तक आपकी कल्पना जा सकती है जिसमें आप बिचौलियों की भूमिका खत्म करके दूसरे पक्ष से सीधे मुखातिब होना चाहते हैं उन सबके लिए वर्गीकृत विज्ञापन दिये जा सकते हैं।

वर्गीकृत विज्ञापन मुद्रित विज्ञापन का सम्भवतः प्रारम्भिक रूप हैं। आजकल वर्गीकृत विज्ञापन का स्वरूप भी कुछ बदल रहा है। वर्गीकृत विज्ञापनों के बीच ही थोड़े बड़े आकार में रंगीन बक्से के बीच विज्ञापन प्रकाशित किया जाता है। वर्गीकृत विज्ञापनों के बीच ये अलग ढंग के सजावटी विज्ञापन हैं।

सजावटी विज्ञापन

ित माध्यमों में प्रकाशित बड़े आकार के आकर्षक विज्ञापन सजावटी विज्ञापन जाते हैं। ये अंग्रेज़ी के डिस्प्ले एडवर्टिस्मेंट्स का पर्याय हैं। समाचार-पत्र में वटी विज्ञापन कुछ कॉलम से लेकर एक-चौथाई पृष्ठ, आधा पृष्ठ या पूरे पृष्ठ तक का हो सकता है। इनकी प्रकाशन दरें स्थान के आधार पर अलग-अलग होती हैं। इनका उद्देश्य प्रमुखता से पाठक तक अपना सन्देश पहुँचाने का होता है। इन विज्ञापनों में चित्रों और शब्दों का संयोजन किया जाता है। बड़े आकार के कारण इनमें अधिक सूचना भी समा सकती है जैसे अक्सर कम्पनियों या बैंकों की गतिविधियों के परिणाम के आँकड़े ऐसे विज्ञापनों में व्यवस्थित ढंग से प्रस्तुत किये जाते हैं। यदि उत्पाद का विज्ञापन हो तो वह कहाँ-कहाँ मिल सकता है, उसकी क्या विशेषताएँ हैं यह सब भी इसमें कुशलता से अभिव्यक्त किया जा सकता है। बड़ी कम्पनियाँ अपने विज्ञापन के लिए एक साथ सभी माध्यमों में विज्ञापन देती हैं। दृश्य-श्रव्य माध्यम या श्रव्य माध्यम में केवल एक ही बात कही जा सकती है या बहुत कम कहा जा सकता है जबकि सजावटी विज्ञापन में उन बहुत-सी विशेषताओं पर ध्यान दिलाया जाता है जो वहाँ छूट गयी थीं। वाशिंग मशीन या अन्य बिजली उपकरणों के विज्ञापनों में लोन आदि की क्या योजनाएँ उपलब्ध हैं, उनकी तकनीकी विशेषताएँ, बिजली की खपत, कीमत आदि सबकी सूचना रेडियो—टी. वी. पर नहीं दी जा सकती। इस उद्देश्य की पूर्ति में

सजावटी विज्ञापन ही सफल होते हैं। शेयर बाज़ार में कोई नयी कम्पनी प्रवेश कर रही हो तब भी उसके मुद्रित विज्ञापन ही अधिक सार्थक होंगे क्योंकि उसमें वे सभी विवरण दिये जा सकते हैं जिनके आधार पर पूँजीनिवेश तय होता है।

पत्रिकाओं में सजावटी विज्ञापन अधिक आकर्षक होते हैं बढ़िया कागज और रंगीन पृष्ठों में वे नित नयी सज-धज के साथ प्रकाशित होते हैं। उनका प्रभाव भी इलेक्ट्रॉनिक माध्यम से किसी भी रूप में कम नहीं होता।

स्मारिकाओं में छपने वाले सजावटी विज्ञापन उतने कलात्मक भले ही न हों लेकिन वे जिस उद्देश्य के लिए वह स्मारिका प्रकाशित हो रही है उस उद्देश्य के लिए धन-राशि एकत्रित करने में सहायक होते हैं।

श्रव्य विज्ञापन

रेडियो पर सुने जाने वाले विज्ञापन श्रव्य विज्ञापन होते हैं। इन विज्ञापनों में सुनकर ही सन्देश ग्रहण किया जाता है। यह विशेषतः उन लोगों के लिए लाभप्रद है जो पढ़ नहीं सकते। आज भी भारत में रेडियो का नेटवर्क टेलीविज़न से बड़ा है। रेडियो विज्ञापन उन गाँवों तक भी पहुँच सकते हैं जहाँ किसी कारण से अभी तक टेलीविज़न नहीं पहुँचा। श्रव्य विज्ञापन ध्यान आकर्षित करने की दृष्टि से भी विशेष सार्थक होते हैं क्योंकि जब विज्ञापन बार-बार दोहराया जाता है और सुना जाता है तब वह अनायास ही श्रोता की स्मृति में दर्ज हो जाता है। यही कारण है कि श्रव्य विज्ञापनों में संगीत का अत्यन्त मधुर संयोग रहता है। संगीत सन्देश में प्रसारित शब्दों को और प्रभावी बनाता है। अधिकांशतः श्रव्य विज्ञापन रेडियो पर ही प्रसारित होते हैं, लेकिन आजकल मोबाइल फोन पर भी ऐसे सन्देश प्रसारित हो रहे हैं। इनका कितना विस्तार होगा और ये कितने प्रभावी रहेंगे, यह भविष्य में ही पता चलेगा।

दृश्य-श्रव्य विज्ञापन

दृश्य-श्रव्य विज्ञापन दृश्य-श्रव्य माध्यमों—टेलीविज़न, सिनेमाघरों, विडियो में प्रसारित होते हैं। उनके निर्माण में बहुत पैसा खर्च होता है। अतः बड़ी कम्पनियाँ जिनका विज्ञापन बजट बड़ा हो वही दृश्य-श्रव्य माध्यमों में विज्ञापन दे पाती हैं। ये विज्ञापन अधिकांशतः राष्ट्रीय स्तर के होते हैं। कभी-कभी प्रादेशिक भाषाओं में बनने वाले विज्ञापन एक विशिष्ट भाषा क्षेत्र या राज्य की सीमाओं तक सीमित रह सकते हैं, लेकिन साधारणतः यही कोशिश होती है कि इस प्रकार के विज्ञापनों द्वारा बड़े जन-समूह को लक्षित किया जाये। टेलीविज़न का क्षेत्र आज अखिल

भारतीय हो गया है। विडियो और सिनेमा का भी दर्शक वर्ग काफी बड़ा है। साथ ही इन क्षेत्रों का दर्शक वर्ग, सम्भावित उपभोक्ता वर्ग भी है जो विज्ञापनों को देखकर उनसे प्रभावित होकर किसी भी उत्पाद या सेवा को खरीदने-पाने का निर्णय लेता है। दृश्य-श्रव्य विज्ञापनों में दृश्य-श्रव्य बिम्बों का आकर्षण ही प्रायः स्त्रियों और बच्चों को भी आकर्षित करता है। इन विज्ञापनों के निर्माण में कलात्मकता और विज्ञापन की प्रभावोत्पादकता पर विशेष रूप से ध्यान दिया जाता है। दृश्य-श्रव्य विज्ञापनों का फलक बहुत बड़ा है। उसमें दृश्यों, रंगों, चित्रों, शब्द, संगीत, नाटकीयता अनेक तत्वों का संयोजन अत्यन्त कुशलता से किया जाता है। इस दृष्टि से दृश्य-श्रव्य विज्ञापनों का निर्माण काफी चुनौतीपूर्ण होता है और निर्माता-निर्देशक से विशेष दक्षता की माँग करता है।

इलेक्ट्रॉनिक माध्यमों से अलग-अलग समय अवधि के विज्ञापन होते हैं। रेडियो और टेलीविज़न में दस सेकेंड के लिए प्रसारित होने वाले विज्ञापनों की समय अवधि कम अवश्य होती है, लेकिन प्रभाव क्षमता कम नहीं होती। कम समय में अपनी बात कहने के लिए युक्ति यही होती है कि एक या दो बातों से अधिक बात न कही जाये। उत्पाद का नाम और विशेषता को इस तरह प्रस्तुत किया जाये कि देखने-सुनने वाले की स्मृति में बस जाये। इलेक्ट्रॉनिक माध्यम के सभी विज्ञापन अत्यन्त महँगे होते हैं। इसलिए वहाँ समय की बहुत कीमत है। यह विज्ञापन कम समय लेते हुए भी इन माध्यमों का कुशलता से प्रयोग कर लेते हैं। बहुत बार रेडियो—टी. वी. पर प्रसारित होने वाले दस-दस सेकेंड के जिंगल्स जुबान पर चढ़ जाते हैं और अपनी प्रभावात्मकता की कहानी खुद कहते हैं।

कुछ विज्ञापनों की समय-अवधि तीस सेकेंड से एक मिनट होती है। सिनेमाघर में फिल्म से पहले दिखाई जाने वाली विज्ञापन फिल्में इससे बड़ी भी हो सकती हैं। ऐसे बड़े विज्ञापन प्रायः तभी दिखाये जाते हैं जब कम्पनी उस कार्यक्रम को प्रायोजित कर रही है। उन कार्यक्रमों—भले ही वह धारावाहिक हों, फिल्में या क्रिकेट मैच के बीच-बीच में, आरम्भ एवं अन्त में इन विज्ञापनों को लगातार दिखाया जाता है।

इंटरनेट विज्ञापन

इंटरनेट विज्ञापन का तेज़ी से उभरता हुआ माध्यम है। विज्ञापन के परम्परागत माध्यमों की अपेक्षा इसका लाभ यह है कि इसमें भौगोलिक क्षेत्र या समय की कोई सीमा नहीं। साथ ही विज्ञापन निर्माण में लागत भी बहुत कम आती है। इंटरनेट पर विज्ञापन देने के कई ढंग हैं एक तो कम्पनी की वेबसाइट बनाकर

नेट पर डाली जा सकती है। जब भी उपभोक्ता किसी खास उत्पाद या सेवा के लिए सबसे उपयुक्त व्यक्ति या कम्पनी की तलाश करना चाहता है इंटरनेट पर उपलब्ध वेबसाइट उसका काम आसान कर देते हैं। विश्वपर्यन्त फैले इस संज्ञान पर करोड़ों की संख्या में वेबसाइट हैं जो अपनी विशिष्टता की जानकारी इच्छुक लोगों तक पहुँचाते हैं।

इंटरनेट विज्ञापन का दूसरा रूप गूगल, याहू, एमएसएन आदि के सर्च इंजनों से जुड़ा हुआ है। आप जो भी खोज रहे हों दाएँ हाथ को एक विज्ञापन की पट्टी चलती रहती है। आपकी खोज से सम्बन्धित वस्तु-सेवाओं की जानकारी के विज्ञापन वहाँ देखे जा सकते हैं। बहुत बार इन नेटवर्क पर ई-मेल का उपयोग करते हुए भी ऊपर की एक पट्टी किसी-न-किसी विज्ञापन की चलती रहती है। विज्ञापन के इन सब रूपों में एक खास निजता का अनुभव जुड़ा हुआ है यानी विज्ञापन तब उपलब्ध है जब आप उसे देखना चाहें। आप अपनी जरूरत के अनुसार अलग-अलग सूत्रों से जानकारी प्राप्त कर सकते हैं, उनकी तुलना कर सकते हैं। साथ ही जो उपभोक्ता आप से पहले उस सेवा का लाभ उठा चुके हैं उनके विचार भी जान सकते हैं। इंटरनेट पर विज्ञापन देखकर सामान भी खरीदा जा सकता है। इस सब में निश्चय ही समय और संसाधनों की बचत होती है। यह स्थिति विज्ञापनकर्ता के लिए भी लाभकारी है क्योंकि यहाँ माध्यम की मध्यस्थता होने पर भी लक्षित उपभोक्ता वर्ग से सीधा सम्पर्क बनाया जा सकता है। इन विज्ञापनों में उपभोक्ता को ललचाने, लुभाने या उसके मन-मस्तिष्क पर हावी होने की कोशिश नहीं की जाती, बल्कि यहाँ उपभोक्ता ही अपनी आवश्यकतानुसार विज्ञापनदाता को ढूँढ़ लेता है। कितने लोगों ने वह विज्ञापन देखा, वे उससे सन्तुष्ट हैं या नहीं, उपभोक्ताओं की प्रतिक्रिया आदि का मूल्यांकन इस माध्यम में झट से किया जा सकता है। इससे उत्पाद अथवा सेवा को बेहतर बनाने में भी मदद मिलती है।

इतने सारे लाभ होने पर भी इस माध्यम की अपनी सीमाएँ हैं। यह उन्हीं लोगों का माध्यम है जो तकनीक के दोस्त हैं और जिनकी शिक्षा का विशिष्ट स्तर है। कभी-कभी इंटरनेट पर घपले भी हो जाते हैं क्योंकि जो उत्पाद दिखाया जाता है और जो भेजा जाता है वह समान नहीं होता। इन विज्ञापनों के दावों को भौतिक रूप से देखकर परखना सम्भव नहीं है। इसीलिए बहुत-सी कम्पनियाँ इंटरनेट पर लोगों को बहका कर गुमराह करती हैं। यदि इस माध्यम को प्रभावी एवं सफल बनाना है तो ऐसी स्वार्थलिप्तता से इसे मुक्त करना होगा।

मोबाइल फोन विज्ञापन

ये विज्ञापन माध्यम के रूप में मोबाइल फोन का इस्तेमाल करते हैं। कुछ लोग इंटरनेट और मोबाइल दोनों को संचार क्रांति का हिस्सा होने के कारण एक ही कोटि में रखते हैं, लेकिन एक साथ रखने से मोबाइल पर आने वाले विज्ञापनों की महत्ता स्पष्ट नहीं हो सकेगी। एक अनुमान के अनुसार वर्ष 2009 में विश्वभर में मोबाइल फोन इस्तेमाल करने वालों की संख्या 460 करोड़ है।

मोबाइल का यह बाज़ार दिन-प्रतिदिन बढ़ रहा है और उसकी तकनीक भी विकसित हो रही है। अब उसमें सन्देश पढ़े जा सकते हैं, तस्वीरें भेजी जा सकती हैं, गीत-संगीत सुना जाता है और फिल्मों के अंश भी देखे जा सकते हैं। युवा वर्ग के लिए तो मोबाइल फोन उनके जीवन का केन्द्र बना हुआ है।

मोबाइल फोन पर विज्ञापन सन्देश एसएमएस (शॉर्ट मैसेज सर्विस) एमएमएस (मल्टीमीडिया मैसेज सर्विस), ऑडियो वॉयस मेल के जरिये भेजे जाते हैं। पूरी स्क्रीन पर दिखने वाले विज्ञापन तो कभी एक पंक्ति के रूप में निरंतर चलने वाले विज्ञापन भी मोबाइल पर आते रहते हैं। मोबाइल पर कुछ भी कभी भी विज्ञापित किया जा सकता है, फिर भी अधिकांश विज्ञापन सेवाओं से सम्बन्धित होते हैं—बैकिंग, प्रोपर्टी, इंश्योरेन्स जैसी सेवाओं के संस्थान सबसे अधिक इस सुविधा का इस्तेमाल करते हैं। मोबाइल कम्पनियाँ स्वयं भी तरह-तरह की योजनाओं, सेवाओं, उपहारों की सूचना इस माध्यम से देती रहती हैं। इन सेवाओं के अतिरिक्त कुछ ऐसा सामान जिसे निजी तौर पर भरोसा दिलाकर ही बेचा जा सकता है उसका विज्ञापन भी मोबाइल द्वारा देना सार्थक रहता है। मोबाइल विज्ञापन का प्रयोग स्थानीय दुकानदार अपने यहाँ लगने वाली सेल आदि की सूचना देकर भी कर सकता है तो दूसरी ओर बड़ी-बड़ी अन्तर्राष्ट्रीय कम्पनियाँ भी अपनी गतिविधियों की सूचना इसके द्वारा पहुँचा सकती हैं। इन सन्देशों का लाभ यह है कि उपभोक्ता की दिनचर्या में खलल डाले बिना चुपके से ये सन्देश सम्प्रेषित किये जा सकते हैं। उपभोक्ता के दृष्टिकोण से, वह अत्यन्त सुविधापूर्वक इन्हें दोबारा देखने के लिए बचाकर दर्ज भी कर सकता है। लेकिन कभी-कभी दिनभर में उपभोक्ता तक पहुँचने वाले सन्देशों की संख्या इतनी अधिक हो जाती है कि उपभोक्ता खीझ उठे और बिना पढ़े ही इन्हें डिलीट कर दे।

तमाम सीमाओं और सम्भावनाओं के साथ मोबाइल विज्ञापन ने विश्वभर में सफलता के अभूतपूर्व आँकड़े प्राप्त किये हैं। इसकी कहानी अभी मुश्किल से दस साल पुरानी भी नहीं है। सन् 2000 में फिनलैंड में पहली बार विज्ञापन

के लिए मोबाइल सेवा का इस्तेमाल किया गया था तब से आज तक विश्वभर में विज्ञापन के सक्रिय उपकरण के रूप में इसका दायरा बढ़ता ही जा रहा है।

उत्पाद या वस्तु सम्बन्धी विज्ञापन

यह विज्ञापन का सबसे प्रमुख रूप है। बाज़ार में उत्पाद या वस्तु का महत्त्व ही सबसे अधिक है जिसे खरीदने-बेचने के लिए तरह-तरह के प्रयत्न किये जाते हैं। विज्ञापन की सार्थकता इसी बात में है कि वह कितनी कुशलता से अपने लक्षित उपभोक्ता समाज को वस्तु के गुणों के प्रति आश्वस्त कर वस्तु खरीदने के लिए तैयार कर पाता है। वस्तु विज्ञापन का उद्देश्य वस्तु से जुड़ी पूरी जानकारी देने का है। वह उसके गुणों, उस पर मिलने वाली छूट आदि सभी तत्वों से उपभोक्ता का सीधा साक्षात्कार कराता है। वस्तु विज्ञापन विज्ञापित वस्तु को सर्वश्रेष्ठ सिद्ध करने में लगा रहता है। यदि उसका पहले से कोई बाज़ार नहीं है तो विज्ञापन की जिम्मेदारी है कि विज्ञापित वस्तु को ऐसी रोशनी में दिखाये कि उपभोक्ता को लगने लगे कि वह वस्तु प्राप्त करना उसका लक्ष्य है। उस वस्तु से उसके जीवन के किसी सूने कोने को भरा जा सकता है। वह वस्तु ही उसकी ऐसी उपलब्धि होगी जो किसी-न-किसी स्तर पर सुख और सन्तोष का सृजन करेगी। विषय, तकनीक और प्रसार सभी दृष्टियों से इन विज्ञापनों का फलक अत्यन्त विस्तृत है।

विशिष्ट सेवा सम्बन्धी विज्ञापन

यों तो उत्पाद सम्बन्धी विज्ञापन और सेवा सम्बन्धी विज्ञापन एक ही जैसे होते हैं अन्तर केवल इतना ही है कि यहाँ बिक्री के लिए प्रस्तुत कोई सामान नहीं, कोई विशिष्ट सेवा है। सेवाओं के विज्ञापनों में परस्पर विश्वास का सम्बन्ध और भी जरूरी हो जाता है। कोई भी निजी काम उसी व्यक्ति या संस्था को सौंपा जा सकता है जो भरोसे के काबिल हो। इसीलिए सेवाओं के विज्ञापनों में भावनात्मक अपील से काम लिया जाता है। सेवा सुविधा का भी पर्याय है। इसीलिए सेवाओं को अधिक से अधिक उपभोक्ता के अनुकूल बनाने की कोशिश की जाती है। इस तरह की योजनाओं से कम्पनी और ग्राहक दोनों को लाभ होता है। सेवा सम्बन्धी विज्ञापन समय-समय पर अपनी नीति बदलते रहते हैं। इन विज्ञापनों में उपभोक्ता के दृष्टिकोण को विशेष महत्त्व दिया जाता है। उदाहरण के लिए इंश्योरेन्स सेवा की बात करें तो उसके प्रति प्राथमिक विचार यही था कि वह दुर्घटना की स्थिति में असामयिक मृत्यु आदि जैसी स्थिति में परिवार के प्रति उत्तरदायित्व पूरा करने के लिए है, लेकिन आज इसके बिल्कुल विपरीत एक

नया दृष्टिकोण सामने आया है कि यदि आप अपनी जिम्मेदारियों को सही ढंग से निभाने के लिए निवेश करना चाहते हैं, चिन्ताएँ मिटाना चाहते हैं और लम्बी देर जीना चाहते हैं तब बीमा करवाइए। आई.सी.आई.सी.आई. के विज्ञापन की शीर्ष पंक्ति ही है–'जीते रहो'। इस तरह, सेवाओं के विज्ञापन बहुत आत्मीय बनकर किये जाते हैं।

सेवाएँ अनेक प्रकार की होती हैं–ड्राइक्लीन या ब्यूटी पार्लर से लेकर कार रिपेयर, होटल-एयरलाइन बुकिंग, बैंक, बीमा, टैक्स, कर-कानून सम्बन्धी विशेषज्ञ, डॉक्टर, वकील, अध्यापक, कम्प्यूटर, इंटरनेट, टेलिफोन मोबाइल आदि असंख्य सेवाएँ हैं। इन सेवाओं की संख्या में निरन्तर वृद्धि हो रही है और विज्ञापन इस आधार पर विस्तृत का उपाय हैं।

वस्तु विज्ञापनों के ही समान सेवा विज्ञापन भी विकास की उसी प्रक्रिया से गुजरते हैं यानी पहले उनके विषय में सूचना देकर बाज़ार में उनकी माँग पैदा की जाती है। फिर बाज़ार क्षेत्र पर कब्ज़ा करने के लिए प्रतिस्पर्धात्मक विज्ञापन और अनुनयपरक विज्ञापन दिये जाते हैं। अधिक-से-अधिक लोगों को अपने घेरे में लाना इन विज्ञापनों का उद्देश्य होता है। बाज़ार में स्थापित होने पर भी स्मृति में बने रहने के लिए सेवा सम्बन्धी कम्पनियाँ विज्ञापन देती रहती हैं। एयरटेल, जीवन बीमा निगम, भारतीय स्टेट बैंक, प्रोपर्टी डीलर के विज्ञापन सभी सेवा सम्बन्धी विज्ञापन हैं।

सेवा सम्बन्धी विज्ञापन क्षेत्र विस्तार, सेवा की प्रकृति और लक्षित उपभोक्ता के आधार पर छोटी से बड़ी जगह पर पाए जाते हैं।

सामान्य सहकारी विज्ञापन

यह अत्यन्त दुविधा का विषय है कि इन विज्ञापनों को सामान्य विज्ञापन कहा जाये या जाति-प्रजातिगत वर्ग विज्ञापन। ये विज्ञापन अंग्रेज़ी के 'Generic Advertisement' का पर्याय हैं। इन सामान्य विज्ञापनों से अभिप्राय यह है कि ये विज्ञापन किसी वस्तु विशेष, सेवा या प्रमुख ब्रांड का विज्ञापन नहीं करते, ये एक उद्योग को केन्द्र में रखकर उसका प्रचार-प्रसार करते हैं। किसी भी उद्योग से जुड़े विभिन्न ब्रांडों की सहकारी, सामुदायिक संस्थाएँ व समितियाँ उद्योग को प्रोत्साहन देने वाले निगम अपने स्तर पर विज्ञापन देते हैं। इनका उद्देश्य इस उद्योग के लिए प्राथमिक माँग पैदा करना है।

प्राथमिक माँ किसी कम्पनी या ब्रांड विशेष को केन्द्र में नहीं रखती। जैसे जब अतुल्य भारत! का विज्ञापन दिया जाता है तब उद्देश्य पर्यटन को बड़ावा देने

का है। इसकी सीमा किसी विशेष स्थल होटल तक नहीं है। इसी तरह हथकरघा उद्योग, चाय या पटसन (जूट) मण्डल के विज्ञापन—ये सब उत्पाद के एक वर्ग के लिए विज्ञापन करते हैं।

इस कोटि में अन्य प्रभावी विज्ञापन 'वर्ल्ड गोल्ड काउंसिल' तथा 'डायमंड ट्रेडिंग कॉरपोरेशन' के हैं। ये विश्वभर में क्रमशः सोने और हीरे की महत्त्व को प्रतिष्ठित करते हैं। विश्व की सभी भाषाओं में 'डायमंड्स आर फॉरएवर' 'हीरा है सदा के लिए' का सन्देश देने वाले ये विज्ञापन हीरे के विषय में उपभोक्ता की जिज्ञासा जगाते हैं। उसके आकर्षण को आपकी भावनाओं से जोड़कर उसका बाज़ार क्षेत्र तैयार करते हैं।

औद्योगिक विज्ञापन

जहाँ वस्तु और सेवा सम्बन्धी विज्ञापन सीधे उपभोक्ता को सम्बोधित करते हैं वहीं औद्योगिक विज्ञापनों का क्षेत्र उद्योग जगत होता है। औद्योगिक विज्ञापन उपभोक्तापरक विज्ञापनों की तुलना में काफी कम दिये जाते हैं, लेकिन वे जहाँ भी दिये जाते हैं वहाँ सम्भावित खरीददार तक सीधे पहुँचते हैं। औद्योगिक विज्ञापन प्रायः कच्चे माल, तकनीकी उपकरणों, मशीनों, कलपुर्जों, पैकिंग सामग्री आदि से सम्बन्धित होते हैं। उपभोक्ता को जो वस्तु प्राप्त होती है वह किन अलग-अलग प्रक्रियाओं से गुजर कर अन्तिम रूप तक पहुँचती है उसे पहचान पाना मुश्किल है, लेकिन आज औद्योगिक जगत में भी विशेषज्ञता का महत्त्व है। एक कमीज बनाने के लिए कपड़ा कहीं से लिया जा रहा है। काट के सिला कहीं और जा रहा है। बटन किसी तीसरी जगह लग रहे हैं। अतः उत्पादक को अलग-अलग लोगों की आवश्यकता है। उद्योग के ये विभिन्न घटक अपने काम के लिए अपने माल को उत्पादक तक पहुँचाने के लिए विज्ञापन देते हैं।

औद्योगिक विज्ञापन भावनात्मक नहीं होते। वे विशुद्ध रूप से वस्तुपरक होते हैं। ये विज्ञापन तथ्यों, आँकड़ों, तकनीकी विशेषताओं और सूचनाओं से लैस होते हैं। इसलिए प्रायः अधिक विस्तृत होते हैं। ये विज्ञापन अतिरंजना का सहारा नहीं लेते अर्थात् जो बात कही जा रही है उसमें बढ़ा-चढ़ा कर प्रस्तुति नहीं होती। वह सीधी, सच्ची और सटीक होनी चाहिए जिसे प्रमाणित किया जा सके।

औद्योगिक विज्ञापन या तो विशेष पत्रिकाओं, स्मारिकाओं आदि में प्रकाशित होते हैं या फिर उसके catalogue बनाकर एजेंट द्वारा सीधे सम्भावित ग्राहकों से सम्बन्ध स्थापित किया जाता है। लारसन टोब्रो या स्टील आथॉरिटी ऑफ इण्डिया जैसे बड़े औद्योगिक संस्थान बड़े पैगाने पर भी औद्योगिक विज्ञापन देते

हैं। यद्यपि इनमें उद्योग की जानकारी दी जाती है फिर भी वह उद्योग को बढ़ावा देने या माँग बढ़ाने के बजाय उद्योग की प्रतिष्ठा से अधिक सम्बद्ध रहते हैं।

वित्तीय विज्ञापन

वित्तीय विज्ञापन का क्षेत्र वित्त जगत है। भारतीय शेयर बाज़ार का सम्वेदी-सूचकांक नित नयी ऊँचाइयाँ छू रहा है। बाज़ार में बड़े खिलाड़ियों के साथ-साथ आम जनता का निवेश भी बढ़ रहा है। शेयर, ब्रांड, म्युचुअल फंड इन सब में पूँजीनिवेश आकर्षित करने वाले विज्ञापन वित्तीय विज्ञापन हैं। ये विज्ञापन भी विस्तृत होते हैं। प्रायः मुद्रित माध्यम में छपते हैं क्योंकि इनमें बहुत सारी सूचनाएँ रहती हैं। पब्लिक इशू आने से पहले इन्हें इलेक्ट्रॉनिक माध्यमों में भी दिया जाता है, लेकिन वहाँ इनका उद्देश्य केवल याद दिलाना रह जाता है। प्रिंट माध्यम से पहले ही एक ज़मीन तैयार हो चुकी होती है उसी का लाभ उठाते हुए इलेक्ट्रॉनिक माध्यमों में संक्षेप में इन्हें प्रस्तुत किया जाता है।

वित्तीय विज्ञापन उन लोगों को लक्षित करते हैं जो पढ़े-लिखे हैं और जिनके लिए वित्त क्षेत्र के छोटे-बड़े परिवर्तन महत्त्वपूर्ण हैं। वित्त विज्ञापनों में कम्पनी और निवेशक दोनों का बहुत-सा पैसा दाँव पर लगा रहता है। कम्पनी का उद्देश्य विज्ञापन के माध्यम से बाज़ार से पैसा इकट्ठा करना होता है। विज्ञापन कम्पनी की साख बढ़ान में मदद करता है जिससे कम्पनी का पब्लिक इशू कई गुना ओवर सब्सक्राइब हो जाता है। वित्तीय विज्ञापन निर्माण और प्रसारण में अधिक सावधानी की माँग करते हैं। ये मॉडल के आकर्षण या भावुक अपील पर नहीं टिका रहता, बल्कि ज़मीनी सच्चाइयों पर आधारित होता है। यह सच्चाई ही निवेशक को आकर्षित करती है।

संस्थागत विज्ञापन

संस्थागत विज्ञापन वस्तु अथवा सेवा की जगह, कम्पनी या संस्था को नये आलोक में प्रस्तुत करता है जिससे संस्था की प्रतिष्ठा बढ़े। ये अल्पकालिक लाभ पर नहीं टिके होते, बल्कि लम्बे समय के लिए संस्था की छवि निर्मित करने का प्रयत्न करते हैं। जनता के बीच अपनी साख बनाना, अपने लिए सद्भावना पैदा करना इन विज्ञापनों का उद्देश्य है।

संस्थागत विज्ञापन किसी भी संस्था की जनसम्पर्क प्रक्रिया का हिस्सा होते हैं। जनसम्पर्क एक सतत् प्रक्रिया है। इसलिए ये विज्ञापन भी लगातार चलते हैं। नयी-नयी अपील से अपनी बात रखते हैं। अपने संस्थान की विशिष्टता, विकास,

राष्ट्रीय सामाजिक योगदान आदि को जनता के मन में दर्ज करने में ये विज्ञापन महत्त्वपूर्ण भूमिका निभाते हैं।

संस्थाओं की प्रकृति एक-दूसरे से भिन्न होती है। वही भिन्नता इन विज्ञापनों में भी लक्षित की जा सकती है। संस्थाओं के नियन्त्रण के आधार पर सरकारी और गैरसरकारी संस्थाएँ होती हैं। इन दोनों ही वर्गों में उद्देश्य व लाभ कमाने की दृष्टि से भी अन्तर हो सकता है। विभिन्न सरकारी मन्त्रालय, शिक्षा संस्थान, कल्याण विभाग आदि द्वारा जारी विज्ञापन जनता को शिक्षित-जागृत करने से सम्बन्धित होते हैं तथा इन संस्थाओं द्वारा किये जा रहे अच्छे काम की जानकारी देते हैं।

सरकारी संस्थाओं में ही कुछ संस्थान भी होते हैं—जैसे सेल (स्टील अथॉरिटी ऑफ इण्डिया लिमिटेड), एम.एम.टी.सी (मैटल एंड निमरल ट्रेडिंग कॉरपोरेशन), इंडियन ऑयल, ओ.एन.जी.सी. जो निजी कम्पनियों के ही समान अपनी कार्य-दक्षता स्थापित करने के लिए विज्ञापन देती हैं।

गैरसरकारी संस्थाओं में भी दो तरह की संस्थाएँ हैं जिनके उद्देश्य एक-दूसरे से बिल्कुल भिन्न हैं। एक ताकि जन सेवा में लगी संस्थाएँ हैं जैसे—क्राइ, हैल्पेज इण्डिया आदि। दूसरे, लाभ कमाने वाले बड़े-बड़े व्यापारिक घराने और संस्थान है। ये कॉरपोरेट संस्थान जनता के बीच सशक्त छवि बनाने के लिए विज्ञापन देते हैं। 'हम हैं आदित्य बिरला ग्रुप' जैसे विज्ञापन बिरला के अलग-अलग उत्पादों की बात न कर सीधे कम्पनी की शान बढ़ाने पर केन्द्रित हैं। आज का समय बड़े-बड़े उद्योग घरानों या निगमों का युग है। कॉरपोरेट सेक्टर में काम करने के तरीके बदल रहे हैं। एक ही कम्पनी अनेक क्षेत्रों में निवेश करती है—जैसे टाटा। भारतीय उद्योग जगत का शायद ही कोई क्षेत्र ऐसा हो जिसमें टाटा की उपस्थिति न हो तब उनके लिए यह ही लाभप्रद है कि पूरे समूह या संस्थान की छवि को बढ़ावा मिले। जेपी ग्रुप, एसार, रिलायंस, अनिल धीरूभाई अंबानी ग्रुप सभी संस्थागत विज्ञापन जारी करते हैं।

जनहित में जारी विज्ञापन

विज्ञापन का उद्भव भले ही व्यापारी एवं व्यावसायिक लाभ को ध्यान में रखकर हुआ हो, लेकिन इसकी प्रभाव क्षमता को देखते हुए शीघ्र ही उसका प्रयोग सामाजिक हित की दृष्टि से भी होने लगा। कम समय व कम खर्च में वह अधिक लोगों तक पहुँच सकता है। उसकी इस क्षमता के आधार पर ही सामाजिक सक्रियता की दृष्टि से उसका उपयोग होने लगा। सरकारी एवं गैर-सरकारी दोनों प्रकार की जन-सेवी संस्थाओं ने विज्ञापन के माध्यम से जनता में चेतना की नयी लहर लाने

की कोशिश की। सरकारी मन्त्रालय एवं उनके अनेक विभाग-सामाजिक बुराइयों से लड़ने के लिए जनता के दृष्टिकोण में परिवर्तन लाने के लिए विज्ञापन देते हैं। अधिकांशतः ये विज्ञापन स्त्री शिक्षा, महिला सशक्तिकरण, स्वास्थ्य, पर्यावरण सम्बन्धी जानकारी, राष्ट्रीय एकता, यातायात नियमों, कर सम्बन्धी प्रावधानों को लेकर होते हैं। निजी या स्वयंसेवी संस्थाएँ भी अपने उद्देश्य की जानकारी देकर जनता से सहयोग की माँ करती हैं। जनहित विज्ञापन ऐसे प्रयत्नों में जनता की भागीदारी बढ़ाने में मदद करते हैं। इनकी प्रभाव क्षमता विज्ञापन के कुशल निर्माण पर निर्भर करती है। जनहित विज्ञापनों को भी व्यावसायिक विज्ञापन की तरह आक्रामक, अपने उद्देश्य के प्रति पूर्णतः प्रतिबद्ध, कलात्मक होना चाहिए। यदि जनहित विज्ञापन कोरे शिक्षात्मक सूचना की तरह होंगे तब उनमें जनता को बाँध सकने की, उनका ध्यान आकृष्ट करने की क्षमता नहीं होगी और उनका प्रचार-प्रसार बेअसर ही रहेगा, लेकिन यदि वे अपने उद्देश्य में सार्थक होना चाहते हैं तब उसके निर्माण के सभी पक्षों पर उसी तरह ध्यान देने की आवश्यकता होगी जैसी व्यावसायिक विज्ञापन में रहती है।

राजनीतिक विज्ञापन

कुछ समय पहले तक राजनीतिक विज्ञापन को किसी कोटि में नहीं गिना जाता था। राजनीति की सक्रियता विज्ञापन का विषय नहीं थी, लेकिन जैसे देश और समाज की अन्य गतिविधियों पर बाज़ार हावी होने लगा तो राजनीति भी 'कॉरपोरेट कल्चर' से अछूती नहीं रही। आज लोकतन्त्र की कार्यप्रणाली में राजनीतिक विज्ञापन कारगर अस्त्र की तरह प्रयोग किये जा रहे हैं। हमारे देश में चुनाव का मौसम आते ही इस तरह के विज्ञापनों की बाढ़ आ जाती है। सरकारी तन्त्र अपनी उपलब्धियों का बढ़ा-चढ़ाकर वर्णन करते हैं तो दूसरी ओर विपक्षी पार्टियाँ भी सत्ताधारी दलों पर निर्मम आघात करने से नहीं चूकतीं। भारतीय राजनीति में तो इन विज्ञापनों का चरित्र एक-दूसरे पर कीचड़ उछालने तक ही सीमित होकर रह जाता है। यह स्थिति अन्य लोकतान्त्रिक देशों में भी है। अमरीकी राष्ट्रपति का चुनाव मीडिया युद्ध की तरह लड़ा जाता है। राजनीतिक विज्ञापनों में होने वाले दावे अक्सर सच्चाई को तोड़-मरोड़ कर प्रस्तुत करते हैं। अपने तात्कालिक लाभ के लिए जनता को दिग्भ्रमित करते हैं।

भारत में पिछले दो लोकसभा चुनावों में राजनीतिक विज्ञापनों का आक्रामक प्रयोग किया गया। लगभग सभी माध्यमों में भारतीय जनता पार्टी तथा कांग्रेस पार्टी ने वोटरों को अपनी ओर आकर्षित करने की कोशिश की। 2004 में

सत्तारूढ़ एन. डी. ए. ने 'भारत उदय' 'इण्डिया शाइनिंग' का नारा दिया। अटल बिहारी वाजपेयी के नेतृत्व में भारत के महा उत्थान की गाथाएँ रेडियो-टेलीविज़न से लेकर अखबारों के पन्नों पर बिखरी सभी जगह दिखाई पड़ीं। भारतीय जनता पार्टी ने इस विज्ञापन की आधारशिला पर अपना चुनाव अभियान खड़ा किया और अटल जी को प्रधानमंत्री पद के दावेदार के रूप में प्रस्तुत किया। विज्ञापन की शीर्ष पंक्ति बना 'लक्ष्य अटल-वोट कमल' इस सबकी जवाबी कार्यवाही कांग्रेस ने आम आदमी के पक्ष में खड़े होकर की। उनका नारा था 'कांग्रेस का हाथ, आम आदमी के साथ'। तीखे प्रतिस्पर्धात्मक विज्ञापनों के बावजूद जनता ने जब अपना मत जाहिर किया तो यह निश्चित हो गया कि विज्ञापन के दावे जब तक जमीनी हकीकतों से पुष्ट नहीं होंगे तब तक वे जनता को भरमाने में सफल नहीं हो सकेंगे। एक प्रौढ़ लोकतन्त्र की भी यही पहचान है कि वह विज्ञापनों से नहीं, लोकतान्त्रिक नीतियों एवं विकास की कार्यवाही से नियन्त्रित होता है।

सूचनापरक विज्ञापन

जिन विज्ञापनों का पहला व अन्तिम उद्देश्य सूचना देना ही है उन्हें सूचनापरक विज्ञापन की कोटि में रखा जाता है। विभिन्न सरकारी मन्त्रालयों द्वारा जारी सूचनाएँ, यातायात और पुलिस विभाग द्वारा दी गयी सुरक्षा सम्बन्धी सूचनाएँ, वित्तीय दृष्टि से प्रस्तुत विभिन्न कर सम्बन्धी सूचनाएँ, बड़ी-बड़ी कम्पनियों द्वारा दी गयी व्यापारिक सूचनाएँ आदि-सूचनापरक विज्ञापन की श्रेणी में आती हैं। नौकरियों की सूचना, शिक्षा संस्थानों में दाखिले की सूचना—अनेक रूप हो सकते हैं जहाँ विज्ञापनदाता मात्र सूचना देने के लक्ष्य से ही विज्ञापन देता है। इन विज्ञापनों की सबसे बड़ी विशेषता यही होती है कि इन्हें सीधी-सच्ची, खरी भाषा में अभिव्यक्त किया जाये जिससे अर्थ-सम्प्रेषण में किसी प्रकार की दुविधा न हो।

रेडियो और टेलीविज़न पर प्रसारित होने वाले सूचनापरक विज्ञापनों में भी अतिरंजना या अतिनाटकीयता से बचते हुए तटस्थता एवं स्पष्टता पर बल दिया जाता है। कुछ समय पहले सभी माध्यमों में आने वाले 'सर्विस टैक्स' के विज्ञापन ऐसे ही हैं जिनमें सर्विस टैक्स भरने की अन्तिम तिथि की सूचना के साथ यह भी बताया जाता था कि सर्विस टैक्स से जमा राशि किन सुविधाओं पर खर्च की जाती है।

प्रतिष्ठापरक सम्मानक विज्ञापन

सम्मानक विज्ञापन का उद्देश्य छवि निर्माण कर व्यक्ति या वस्तु को प्रतिष्ठित

करना है। प्रतिष्ठा विज्ञापनों का सम्बन्ध प्रतिष्ठा बढ़ाने से होता है। कोटि-क्रम निर्धारण की दृष्टि से यह व्यावर्तक, सबसे अलग स्थापित करने वाली श्रेणी नहीं है। जिन विज्ञापनों को हमने अन्य कोटियों में रखा है उनका मूल्यांकन प्रतिष्ठा स्थापित करने या सम्मान उत्पन्न करने की दृष्टि से भी हो सकता है जैसे संस्थागत विज्ञापन भी अपनी तरह से जब संस्था के महत्त्व को स्थापित करते हैं तो उपभोक्ता की नजरों में कम्पनी की साख व प्रतिष्ठा को बढ़ावा देना ही उनका लक्ष्य है। अतः संस्थागत विज्ञापन के उस रूप का सम्मानक विज्ञापन के रूप में भी पढ़ा जा सकता है। यह प्रतिष्ठा ही ब्रांड की संकल्पना का आधार है, इसीलिए बड़े औद्योगिक संस्थान अपने छवि निर्माण के लिए करोड़ों रुपये विज्ञापन पर खर्च करते हैं।

लोकतान्त्रिक चुनावों के समय राजनीतिक पार्टियाँ प्रतिष्ठापरक विज्ञापनों का बहुत प्रयोग करती हैं। पार्टी की प्रतिष्ठा बढ़ाने से लेकर विशिष्ट नेताओं के सम्मान सूचक विज्ञापन इसी कोटि में आते हैं। आजकल दिल्ली सरकार का सूचना एवं प्रचार निदेशालय भारतीय साहित्यकारों के सम्मान में जो विज्ञापन दे रहा है वे भी प्रतिष्ठापरक विज्ञापन ही हैं।

प्रतिष्ठा का सम्बन्ध हमारे अपने मान-सम्मान से भी है। बहुत-से विज्ञापन उत्पाद या सेवा से जुड़े होकर भी हमारे सम्मान एवं गौरव की भावना को जगाने की कोशिश करते हैं—जैसे टाटा नमक 'देश का नमक' है, हीरो होंडा 'देश की धड़कन' है, अमूल 'दि टेस्ट ऑफ इंडिया' है। ये सभी विज्ञापन सम्मान मूलक अपील का प्रयोग कर उत्पाद को देश की शान से जोड़कर प्रतिष्ठित करते हैं।

तुलनात्मक विज्ञापन या प्रतिस्पर्धात्मक विज्ञापन

जब एक वस्तु की माँग पैदा होती है तब अनेक कम्पनियाँ अलग-अलग ब्रांड नाम देकर वही उत्पाद बाज़ार में उतारती हैं। विभिन्न ब्रांडों के बीच, बाज़ार का बड़े से बड़ा हिस्सा हथियाने के लिए परस्पर होड़-सी लग जाती है। इस प्रतिस्पर्धा में एक को दूसरे से श्रेष्ठ सिद्ध करने में विज्ञापन की विशेष महत्ता होती है। अक्सर विज्ञापन में उत्पाद की एक विशेषता को आधार बनाकर उसे अपनी प्रतिस्पर्धी ब्रांडों से बेतहर साबित किया जाता है। कभी इस श्रेष्ठता का आधार कोई गुण हो सकता है जैसे 'सफोला' खाद्य तेल स्वास्थ्य की दृष्टि से बेहतर चुनाव है, 'स्कूटी' 99 रंगों में उपलब्ध है, 'कैडबरी' कुछ खास पलों के लिए है, रेमंड पूर्ण पुरुष की पहचान है या फिर 'निरमा' का विज्ञापन जिसने उत्तम क्वालिटी के साथ कम कीमत को अपने ट्रम्पकार्ड की तरह इस्तेमाल किया।

रिन के विज्ञापन 'भला उसकी कमीज मेरी कमीज से सफ़ेद कैसे?' या फिर हारपिक चैलेंज आदि विज्ञापन प्रतिस्पर्धात्मक विज्ञापन हैं। इन विज्ञापनों का उद्देश्य अपने उत्पाद ब्रांड के लिए बाज़ार में एक खास जगह बनाना तथा अपने ब्रांड के प्रति निष्ठावान और सन्तुष्ट ग्राहक जुटाना है।

तुलनात्मक विज्ञापन का असली रूप पेप्सी और कोका कोला की टक्कर में दिखाई पड़ता है। दोनों कम्पनियाँ बाज़ार में अपनी श्रेष्ठता सिद्ध करने के लिए एक-दूसरे को आड़े हाथों लेती हैं। उनके विज्ञापन उत्पाद या उपभोक्ता पर केन्द्रित होने की बजाए एक-दूसरे पर जवाबी हमला बोलने की दृष्टि से ज्यादा सचेत दिखाई पड़ते हैं। यह प्रतिस्पर्धा राजनीतिक पार्टियों के बीच भी चलती रहती है। जब भी स्वयं को उच्चतम सिद्ध करने की बात हो तब तुलनात्मक विज्ञापन का ही सहारा लिया जाता है।

प्रत्यक्ष कार्यवाही के विज्ञापन

विज्ञापन उपभोक्ताओं को प्रत्यक्ष एवं अप्रत्यक्ष-दोनों तरह से प्रभावित करते हैं। प्रत्यक्ष प्रभाव डालने वाले विज्ञापन उपभोक्ता को तुरन्त कार्यवाही के लिए ललचाते हैं। तरह-तरह के मुफ्त उपहार या विशेष छूट के वायदे, स्टॉक रहने तक सुविधाओं और योजनाओं की घोषणा, आज ही खरीदिए, तुरन्त सम्पर्क करें की अपील-उपभोक्ता को जल्द कार्यवाही करने के लिए बाध्य करती है। इस तरह के विज्ञापन किन्हीं विशेष अवसरों, त्योहार के दिनों आदि पर अधिक दिये जाते हैं क्योंकि इनमें थोड़े समय के लिए अल्पकालिक प्रस्ताव रखे जाते हैं।

अप्रत्यक्ष कार्यवाही के विज्ञापन

अप्रत्यक्ष रूप से प्रभावित करने वाले विज्ञापन दीर्घकालीन होते हैं। वे स्थायी प्रभाव डालना चाहते हैं। इसलिए उनमें ब्रांड की पहचान बनाने पर बल होता है और तुरन्त खरीदिए की अपेक्षा वे विज्ञापन खरीदने के लिए अनुकूल वातावरण बनाने पर बल देते हैं। कभी-कभी ये विज्ञापन उपभोक्ता की स्मृति में बने रहने के लिए भी दिये जाते हैं।

ये प्रतिस्पर्धात्मक विज्ञापन का अगला सोपान हैं। कुछ उत्पाद और उनके ब्रांड बाज़ार में अपना एकाधिकार स्थापित कर लेते हैं तब बिक्री के आँकड़ों को ऊँचा करने के लिए विज्ञापन की बहुत उपयोगिता नहीं रह जाती। इसके बावजूद ये कंपनियाँ विज्ञापन पर एक बड़ी राशि खर्च करती हैं। उपभोक्ता और ब्रांड के बीच जो भरोसे का सम्बन्ध होता है, ये विज्ञापन उस पर मुहर लगाते हैं और

भविष्य में भी उसी सम्बन्ध के बने रहने की कामना करते हैं।

अप्रत्यक्ष दृष्टि से प्रभावित करने वाले विज्ञापनों की कोटि में वे विज्ञापन भी आते हैं जो जाहिर तौर पर जिस उत्पाद का विज्ञापन करते हैं उनका उद्देश्य उसकी आड़ में कुछ और संकेत देना होता है। यहाँ प्रस्तुत विज्ञापन केवल लक्षित विज्ञापन का वाहक बनकर आता है जैसे बैगपाइपर सोडा का विज्ञापन–'खूब जमेगा रंग जब मिल बैठेंगे तीन यार-आप, मैं और बैगपाइपर सोडा' इस विज्ञापन का लक्ष्य बैगपाइपर ह्विस्की की ओर संकेत करना है। भारतीय कानूनों में शराब, सिगरेट, तम्बाकू आदि के विज्ञापन प्रतिबंधित हैं। इन्हें समाज विरोधी मानते हुए इन पर रोक लगाई गयी है। अक्सर कानूनी दायरे का निर्वाह करने के लिए कम्पनियाँ उसी ब्रांड के नाम का प्रयोग सोडा, पानी, जूस आदि के लिए करती हैं और फिर उसके विज्ञापन के तहत सांकेतिक रूप में अपना लक्ष्य सिद्ध करती हैं। अंग्रेज़ी में इसे 'सरोगेट एडवरटाइजिंग' कहते हैं और इनकी नैतिकता को लेकर अनेक विवाद उठाए जाते हैं।

अप्रत्यक्ष विज्ञापन का ही एक अन्य रूप फिल्मों, टेलीविज़न कार्यक्रमों आदि में भी देखा जा सकता है। फिल्म और टेलीविज़न, धारावाहिक के बीच कहानी की माँग पर ऐसे मौके आते हैं जहाँ अलग-अलग उत्पाद या सेवाओं का उपयोग किया जाता है। यह उत्पाद या सेवा किसी विशिष्ट पात्र या हीरो-हीरोइन के साथ जुड़कर विशेष प्रतिष्ठा पा जाते हैं। 'तेरी रब ने बना दी जोड़ी' फिल्म में शाहरुख खान 'आई 10' गाड़ी चलाते दिखाये गये हैं। शाहरुख खान यों भी हुंडई के ब्रांड अम्बेसडर हैं। फिल्म में उनका यही गाड़ी चलाना ब्रांड और उनके सम्बन्ध को मजबूत करता है। उसे अधिक विश्वसनीय बनाता है। इस तरह के विज्ञापन को अंग्रेज़ी में 'कवर्ट एडवरटाइजिंग' कहते हैं क्योंकि यहाँ विज्ञापन किसी दूसरी आड़ में प्रकट होता है।

विज्ञापन का यह वर्गीकरण अन्तिम नहीं है जैसे-जैसे तकनीक का बिकास होगा नये माध्यम उसमें जुड़ते जायेंगे। बाज़ार और व्यापार की पद्धति बदलेगी तो नयी नीतियाँ तय होंगी। वे सब भी विज्ञापन की प्रकृति में परिवर्तन लाएँगी। उपभोक्ता का व्यवहार भी स्थिर या स्थायी नहीं है। उपभोक्ता की अपेक्षाएँ, उनकी जरूरतें भी अपनी तरह से बाज़ार पर परिवर्तन के लिए दबाव बनाएँगी। उपभोक्ताओं की शिक्षा का स्तर बदल जाने से भी उन तक पहुँचने की नयी राहें खुलेंगी। उनको समझाने और भरमाने के लिए रचनात्मक तरीके अपनाए जायेंगे। विज्ञापन का स्वरूप बदलते ही उसके कोटि-क्रम में जो अन्तर पैदा होंगे उनसे उसके वर्गीकरण के आधार भी बदल सकते हैं।

विज्ञापन माध्यम

प्रिंट माध्यम

प्रिंट माध्यम विज्ञापन का पारम्परिक माध्यम है। आधुनिक विज्ञापन का आरंभिक रूप प्रिंट माध्यम के साथ ही विकसित हुआ और आज तक एक प्रभावशाली माध्यम बना हुआ है। पहले रेडियो, फिर टेलीविज़न और अब इंटरनेट के आ जाने से बार-बार इस माध्यम को नयी चुनौतियों का सामना करना पड़ा है। इसकी प्रासंगिकता पर भी प्रश्नचिह्न लगाए गये हैं, लेकिन हर बार प्रिंट माध्यम ने अपनी स्वतन्त्र अर्थवत्ता सिद्ध की है। समाचार-पत्र, पत्रिकाएँ, हैंडबिल, पोस्टर, बिलबोर्ड, कम्पनियों के ब्रोशर तथा येलो पेजिज डायरेक्ट्री-सभी प्रिंट माध्यम विज्ञापन श्रेणी में आते हैं।

प्रिंट माध्यम का सबसे बड़ा लाभ है कि इस माध्यम से आप सीधे लक्षित उपभोक्ता वर्ग तक पहुँच सकते हैं। जैसे आप घर किराए पर देना चाहते हैं, पुरानी कार बेचना चाहते हैं, आपको नौकरी चाहिए या आप किसी काम के लिए कोई उपयुक्त व्यक्ति ढूँढ़ रहे हैं प्रिंट माध्यम ही अकेला ऐसा माध्यम है जो इस तरह की सभी जरूरतों को पूरा कर सकता है। समाचार-पत्रों में वर्गीकृत विज्ञापन इसी विशिष्ट आवश्यकता के लिए समर्पित हैं। यह विज्ञापनदाता तथा पाठक वर्ग दोनों के लिए लाभकारी है।

वर्गीकृत विज्ञापन के निर्माण के लिए किसी विशेष योग्यता की आवश्यकता नहीं होती। कोई भी व्यक्ति अपनी जरूरत के अनुसार गिने-चुने शब्दों में विज्ञापन लिख सकता है और वह उस खास कॉलम में ही छपता है जहाँ उस तरह की सूचना चाहने वाला पाठक उसे पढ़ लेता है। अतः सीमित खर्च में उसकी पहुँच अत्यन्त प्रभावी है। इसका महत्त्व इतना बढ़ गया है कि आजकल अलग-अलग दिनों पर वर्गीकृत विज्ञापन छापने के लिए समाचार-पत्रों में विशेष संस्करण भी प्रकाशित किये जाते हैं।

समाचार-पत्रों के अलग-अलग पृष्ठ विभिन्न विषयों के समाचारों के लिए समर्पित रहते हैं। पहले पन्ने पर जहाँ सभी प्रमुख समाचार छपते हैं वहीं दूसरे और तीसरे पृष्ठ पर शहर से जुड़ी खबरें होती हैं। देश-विदेश से लेकर खेल तक के समाचारों के लिए पृष्ठ बँटे रहते हैं। इससे विज्ञापनदाताओं को बहुत सुविधा होती है क्योंकि हर पृष्ठ में एक निश्चित पाठक वर्ग की रुचि होती है। इस पाठक वर्ग के आधार पर विज्ञापनदाता यह तय कर सकते हैं कि वे किस पृष्ठ पर और कितना बड़ा विज्ञापन देना चाहते हैं। समाचार-पत्र पूरे पृष्ठ से लेकर एक छोटे-से कॉलम में विज्ञापन देने की सुविधा उपलब्ध कराता है।

समाचार-पत्रों की ही तरह पत्रिकाएँ भी विषय निबद्ध होती हैं। कुछ पत्रिकाएँ महिलाओं के संसार से जुड़ी हैं, कुछ खेल से, कुछ छात्र प्रतियोगिताओं से और कुछ ताज़ा राजनीतिक-सामाजिक मुद्दों से। विभिन्न पत्र-पत्रिकाओं का अपना विशिष्ट पाठक वर्ग है। इनकी रुचि एवं प्राथमिकताएँ स्वतः स्पष्ट हैं। इसलिए इनमें प्रस्तुत विज्ञापन निश्चित उपभोक्ता वर्ग को सम्बोधित करते हैं।

प्रिंट माध्यम में विषय और स्थान को लेकर ही लचीलापन नहीं होता, विज्ञापन व्यय की दृष्टि से भी यहाँ अनेक विकल्प उपलब्ध हैं। छोटे और मझोले व्यवसायों के लिए तो यह विज्ञापन का एकमात्र साधन बन जाता है। स्थानीय स्तर पर अखबारों के बीच छपे हुए हैंडबिल आदि डालकर वितरित कर दिये जाते हैं। पोस्टर और बिलबोर्ड भी एक खास इलाके में अपनी पहचान बनाने में मदद करते हैं। दूसरी ओर राष्ट्रीय दैनिक और प्रतिष्ठित पत्रिकाओं की पहुँच पूरे देश में है। इन्हीं में से कुछ पत्रिकाएँ विश्वभर में प्रसिद्ध हो जाती हैं—जैसे रीडर्स डाइजेस्ट, टाइम्स, लाइफ आदि। इन सबमें विज्ञापन की अलग-अलग दरें होती हैं। विज्ञापनदाता अपनी आवश्यकता और अपनी हैसियत के अनुसार चुनाव कर सकते हैं। प्रायः राष्ट्रीय-अन्तर्राष्ट्रीय पत्रों में वही विज्ञापन छपते हैं जिनका सम्बन्ध बड़ी कम्पनियों, बड़े, ब्रांडों से होता है। बहुराष्ट्रीय कंपनियाँ सभी माध्यमों में एक साथ विज्ञापन करती हैं।

रेडियो और टेलीविज़न की आकर्षण क्षमता भले ही अधिक हो, लेकिन प्रिंट माध्यम की अपनी सार्थकता है। समाचार-पत्र पत्रिकाओं के पाठक शिक्षित समुदाय के लोग होते हैं। अतः यदि विज्ञापन उन्हें प्रभावित करने में सफल होता है तो वह निश्चित रूप से खरीददारी के निर्णय में बदलता है। साथ ही हर पत्र का अपना खास पाठक वर्ग है जो उस पत्र में पूरा विश्वास रखता है। पत्र-पत्रिका की इस प्रतिष्ठा का लाभ विज्ञापनकर्त्ताओं को मिलता है। वहाँ प्रकाशित विज्ञापनों की विश्वसनीयता बढ़ जाती है। विभिन्न पत्र-पत्रिकाएँ अपने पाठकों के लिए आदत-सी

बन जाती है जिसे वे सालों-साल पढ़ते रहते हैं। ऐसी किसी पत्र-पत्रिका में जो विज्ञापन बार-बार प्रकाशित होते हैं वे ब्रांड-निर्माण के लिए वरदान सिद्ध होते हैं।

प्रिंट माध्यम में छोटे-छोटे विवरणों को समेटने का भी अवकाश मिलता है यानी विज्ञापन की मूल कॉपी आकर्षक ढंग से ब्रांड प्रतिष्ठित करती है तो साथ ही छोटी-छोटी वह सूचनाएँ भी देती है जो रेडियो या टेलीविज़न पर दे पाना सम्भव नहीं है। जैसे उत्पाद या सेवा कहाँ से प्राप्त की जा सकती है? उसकी प्राप्ति के लिए लोन आदि की सुविधा क्या है? कितना डिस्काउंट मिल रहा है? तकनीकी तफसील क्या है? आदि कितने ही सवाल हैं जिनका उत्तर उपभोक्ता तलाश रहा है। ये सभी विज्ञापन दोहरा-दोहराकर बार-बार पढ़े जा सकते हैं। आवश्यकतानुसार पाठक इन्हें काटकर, भविष्य में फिर से देखने के लिए भी सहेज सकता है।

आजकल पत्र-पत्रिकाएँ, अधिक विज्ञापन पाने की लालसा में मुद्रण की नित नयी तकनीकों का इस्तेमाल कर विज्ञापनों को और अधिक आकर्षक एवं प्रभावशाली बनाने की कोशिश कर रहे हैं। समाचार-पत्र अब पहले की तरह कागज पर छपे शब्दों का स्याह-सफ़ेद लेखा-जोखा भर नहीं रहे। उनमें रंगीन छपाई से नया आकर्षण पैदा किया गया है। पत्रिकाओं में भी चिकने-चमकीले कागज का प्रयोग नये युग की माँग को पूरा करने के लिए ही किया जाता है। प्रिंट माध्यम के विज्ञापन नवीनता और स्थायित्व का अनुपम उदाहरण हैं।

प्रिंट माध्यम के लिए विज्ञापन निर्माण

प्रिंट माध्यम के लिए विज्ञापन निर्माण के मुख्य तत्व हैं—मूल कॉपी, शीर्ष पंक्ति, उप शीर्ष पंक्ति, लेआउट, फोंट, दृश्य, डिज़ाइन।

कॉपीलेखन के सन्दर्भ में मूल कॉपी, शीर्ष-पंक्ति, उप शीर्ष-पंक्ति पर विस्तार से विचार हो चुका है। कॉपी और शीर्ष पंक्ति के लेखन की जिन प्रविधियों की चर्चा वहाँ हुई है, उन्हीं बातों का ध्यान प्रिंट माध्यम के लिए कॉपी लिखते हुए किया जाता है। शीर्ष-पंक्ति एवं उप शीर्ष पंक्ति के वहाँ प्रस्तुत सभी उदाहरण भी प्रिंट माध्यम से ही चुने गये हैं।

लेआउट

लेआउट विज्ञापन के सभी तत्वों को संयोजित और पुनर्गठित करने की प्रक्रिया है जिससे ये तत्व एक-दूसरे से अलग पड़े हुए न रहकर एक इकाई के रूप में सार्थक और सुस्पष्ट हों।

लेआउट एक संरचना है जिसमें विज़ुयलाइज़र या डिज़ाइनर ही यह निर्णय लेते हैं कि कौन-सी चीज़ कहाँ रखी जाये। इसमें सभी तत्वों के बीच समंजन स्थापित करना होता है। कभी इन तत्वों को पास-पास रखकर पूरी तस्वीर उभरती है तो कभी एक-दूसरे से दूरी बढ़ाकर सबकी अलग सत्ता उभारी जाती है। जैसे किसी एक विज्ञापन में यदि चार तस्वीरें हैं और उनमें कुछ समानता है तो वे एक-दूसरे को पूरा करती हैं। उनसे एक साथ एक कहानी बनती है तो उन्हें एक साथ रखा जायेगा, लेकिन अगर वो दृश्य एक-दूसरे से अन्तर स्थापित करते हैं तो उनका कुछ दूरी पर होना ही श्रेयस्कर है। प्रिंट विज्ञापनों में लेआउट तैयार करते हुए खाली जगह का भी रचनात्मक उपयोग करना जरूरी है। जहाँ खाली जगह सन्देश के सम्प्रेषण में मदद करती है वही उसका आधिक्य विज्ञापन की एकान्विति को भंग भी कर सकता है।

लेआउट के तत्व

लेआउट के तत्व विज्ञापन निर्माण के तत्वों के समानान्तर ही है :

शीर्ष-पंक्ति–लेआउट में शीर्ष-पंक्ति को प्रायः उस बिन्दु पर रखा जाता है जहाँ यह पाठक का ध्यान सर्वाधिक आकर्षित करेगी। इसी दृष्टि से इसे मोटे अक्षरों में छापा जाता है।

उप शीर्ष-पंक्ति–उप शीर्ष-पंक्ति भी रचनात्मक परिकल्पना के मूल विचार को वहन करती है इसलिए उसे शीर्ष-पंक्ति की तुलना में थोड़ा छोटा रखते हुए भी बाकी सारी सामग्री की अपेक्षा प्रमुखता दी जाती है।

दृश्य या चित्र–दृश्य या चित्र विज्ञापन को आकर्षक बनाते हैं। लेआउट में इनकी योजना बहुत सावधानी से करनी पड़ती है जिससे वे विज्ञापन के मूल सन्देश पर हावी न हो जायें। साथ ही उनके उपयोग से विज्ञापन में जो आकर्षण पैदा हुआ है उसका पूरा लाभ उठाया जा सके।

कैप्शन–बहुत बार चित्रों के साथ कैप्शन भी देने पड़ते हैं जिससे यह स्पष्ट किया जा सके कि उन चित्रों में क्या प्रस्तुत किया गया है। जैसे गाड़ियों के विज्ञापन में गाड़ी का कौन-सा मॉडल है।

लिखित सामग्री–यह कॉपी का मुख्य अंश है। यही सन्देश की वाहक है। अन्य सभी तत्व इसके अर्थ को मुखर करने के लिए ही प्रयुक्त होते हैं। इसकी प्रस्तुति के लिए सही फोंट का चुनाव किया जाता है।

लोगो–कम्पनी का चिह्न है। इसे विज्ञापन में सही जगह रखा जाना जरूरी है जिससे उपभोक्ता वह चिह्न देखते ही उसे कम्पनी से जोड़कर याद रखे।

हस्ताक्षर–प्रिंट माध्यम में ही यह अवकाश होता है कि कम्पनी का नाम, पूरा पता, उसकी शाखाओं का विवरण दिया जा सके। लेआउट में उसके प्रस्तुतीकरण की ओर भी ध्यान दिया जाता है। अधिकांश कंपनियाँ अपना नाम एक विशेष अंदाज में लिखती हैं जो उनका हस्ताक्षर बन जाता है। विज्ञापन में उसका प्रयोग उसी रूप में किया जाता है।

लेआउट में ये सभी तत्व हों यह आवश्यक नहीं है। कहीं शीर्ष-पंक्ति, उप शीर्ष-पंक्ति में से कोई एक ही रहती है। कहीं दृश्य या चित्र के बिना भी विज्ञापन लिखा जाता है। यह सब स्थिति के अनुसार ही तय होता है। विज्ञापन डिज़ाइन के अन्तर्गत भी लेआउट के उपकरण निश्चित किये जाते हैं।

लेआउट के विविध रूप

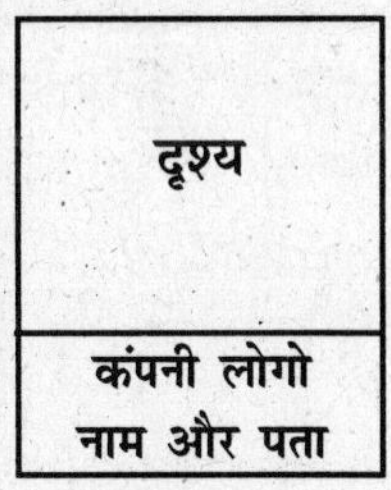

दृश्यात्मक लेआउट–जिस लेआउट में दृश्यों को प्रमुखता दी जाये उसे दृश्यात्मक लेआउट कह सकते हैं। इस लेआउट में शब्दों का प्रयोग होता है, किन्तु चित्र या दृश्य ही प्रमुख रहते हैं। सन्देश सम्प्रेषण मुख्यतः उस चित्र के माध्यम से ही होता है। चित्र के ऊपर या अन्त में कम्पनी अथवा ब्रांड की सूचना शब्दों में लिखी रहती है जो ब्रांड को याद रखने में मदद देती है।

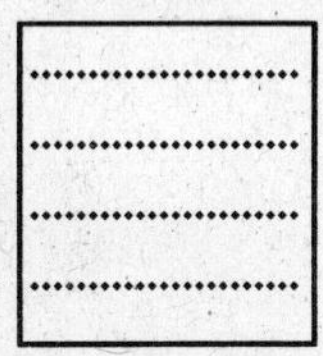

कॉपी प्रमुख लेआउट–बहुत से लेआउट ऐसी भी होते हैं जिनमें दृश्य की आवश्यकता नहीं होती केवल शब्दों से ही काम चल जाता है। जैसे सूचनापरक विज्ञापन। शब्दों की प्रस्तुति अवश्य बड़ी-छोटी या अलग-अलग रंगों की हो सकती है जिससे विज्ञापन पढ़ने में आकर्षक लगे।

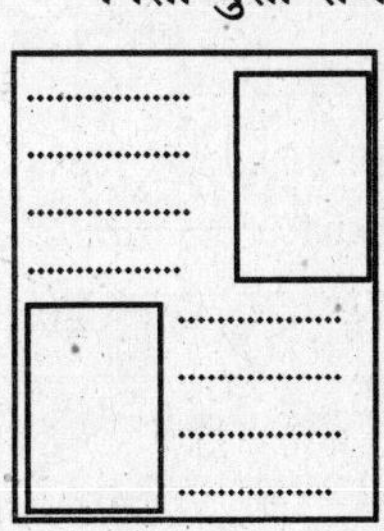

मिला-जुला लेआउट–इस प्रकार के लेआउट में चित्रों या शब्दों में से किसी एक को प्रमुखता नहीं दी जाती। सभी तत्वों को सुविधानुसार मिलाकर प्रस्तुत कर दिया जाता है। इसका लाभ यह है कि चित्र और शब्द एक दूसरे की उपस्थिति को सन्तुलित करते हैं, लेकिन दूसरी ओर यह खतरा भी रहता है कि मिला-जुलाकर सभी चीज़ें गड्डमड्ड न हो जायें। ऐसा होने पर विज्ञापन स्मृति में दर्ज नहीं हो पाता।

पैनल लेआउट–प्रस्तुति की दृष्टि से पैनल लेआउट विशेष उपयोगी रहता है। विज्ञापन के लिए उपलब्ध स्थान को दो-तीन हिस्सों

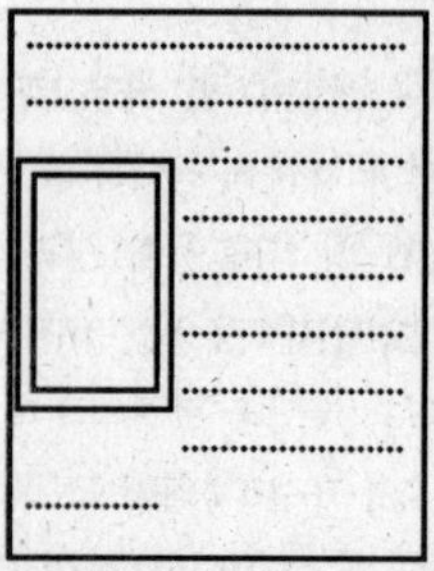

में अलग-अलग पैनल या पट्टियों के रूप में कल्पित कर लिया जाता हैं उससे विज्ञापन सामग्री के प्रस्तुतीकरण में सुविधा होती है। यह वर्गीकरण मानसिक या काल्पनिक होता है जिसे कागज पर अलग-अलग रंगों की पट्टीदार पृष्ठभूमि के रूप में उतारा जाता है। फिर इन पट्टियों पर चित्र या शब्द-सामग्री की प्रस्तुति उसे कुछ ऐसी दृश्यात्मकता देता है कि वह देखने में आकर्षक तथा याद रखने में सरल लगता है।

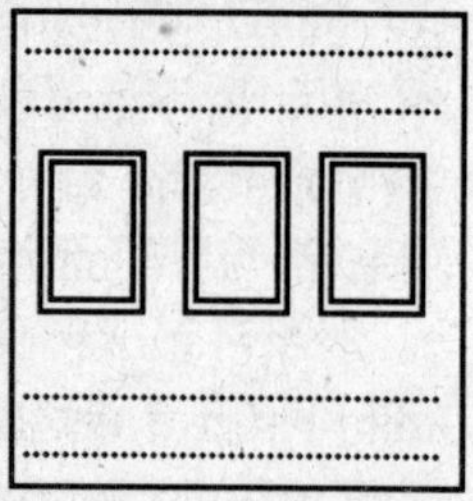

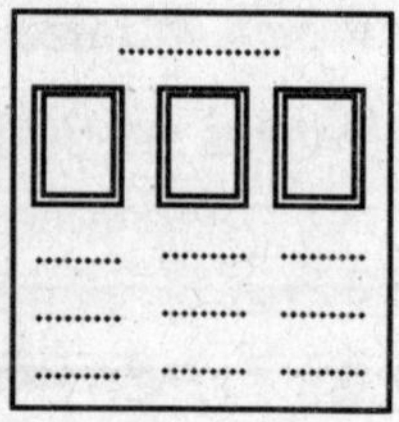

ग्रिड लेआउट–पैनल की ही तरह ग्रिड लेआउट भी कल्पित है। उपलब्ध स्थान को ग्रिड के रूप में चौखानों में कल्पित कर लिया जाता है और फिर चित्रों एवं लिखित सामग्री की व्यवस्था की जाती है। यह लेआउट भी सामग्री को व्यवस्थित ढंग से प्रस्तुत करने तथा स्मृति में दर्ज कराने में विशेष सहायक है।

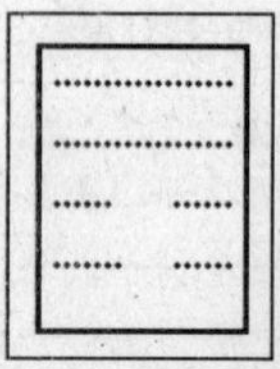

बॉर्डर लेआउट–जैसा नाम से स्पष्ट है, इस लेआउट में विज्ञापन के चारों ओर बॉर्डर दिया जाता है। बार्डर सादा भी हो सकता है और कलात्मक भी। जब प्रिंट माध्यम में बहुत-सी लिखित सामग्री के बीच विज्ञापन दिया जाता है तब बॉर्डर विशेष लाभकारी सिद्ध होता है। वह विज्ञापन को अन्य लिखित सामग्री से अलग करता है।

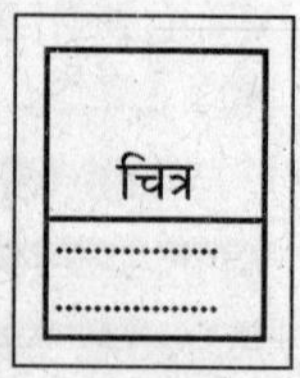

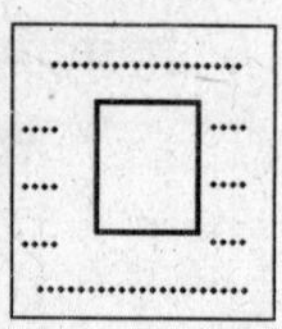

ब्लीड लेआउट–यह घुलता हुआ लेआउट है जहाँ विज्ञापन पूरे पृष्ठ की सीमा तक फैल जाता है। आजकल अधिकांशतः इस लेआउट का इस्तेमाल होता है। पृष्ठभूमि में किसी एक रंग या डिज़ाइन को उपलब्ध स्थान की सीमाओं में घुलने दिया जाता है और उसके ऊपर चित्र या लिखित सामग्री को प्रक्षेपित कर दिया जाता है।

उक्त रूपों के अलावा लेआउट के साथ अन्य रूप भी हो सकते हैं। विज्ञापन निर्माण में रचनात्मकता की कोई सीमा नहीं है इसलिए कुछ भी अन्तिम एवं सर्वमान्य नहीं है। नित नये प्रयोग ही उसे आकर्षक बनाते हैं।

फोंट का चुनाव

आजकल तकनीकी सुविधाओं के कारण बाज़ार में बहुत से आकार के कलात्क फोंट उपलब्ध हैं। शीर्ष-पंक्ति, उप शीर्ष-पंक्ति तथा सन्देश की अन्य लिखित सामग्री के लिए अलग-अलग फोंट इस्तेमाल किये जा सकते हैं, लेकिन फोंट का चुनाव करते समय बहुत सावधानी बरतनी चाहिए। कुछ विशेषज्ञों का तो मानना है कि दो फोंट से अधिक न इस्तेमाल किये जायें और साथ ही एक लेआउट में एक ही तरह के यानी एक ही फोंट समूह में से किन्हीं दो का चुनाव किया जाना चाहिए जिससे वे एक-दूसरे को और प्रभावी बनाने में मदद करें। यह भी ख्याल रखना चाहिए कि यदि लिखित सामग्री किसी चित्र के ऊपर छप रही है अर्थात् चित्र का प्रयोग पृष्ठभूमि के तौर पर किया गया है और शब्द उसके ऊपर आ रहे हैं तो शब्दों का आकार बिल्कुल साफ़ एवं स्पष्ट होना चाहिए जिन्हें पढ़ने में जरा भी कठिनाई न हो। छोटे-छोटे कॉलम में प्रकाशन के लिए प्रायः पहले टाइप वाले फोंट इस्तेमाल होते हैं जबकि सजावटी विज्ञापनों में भारी और मोटे अक्षर चुने जाते हैं जो दूर से ही दिखाई पड़ें।

चित्रों का चुनाव एवं प्रस्तुति

चित्र और तस्वीरें दृश्यात्मक सम्प्रेषण की अभिव्यक्ति हैं। विज्ञापन में भी चित्र के द्वारा सन्देश को आकर्षक तथा लम्बे समय के लिए स्मृति में स्थायी रूप से दर्ज किया जाता है। ये दृश्य कई तरह के हो सकते हैं। कैमरे से खींची गयी तस्वीरें प्रकाशन की दृष्टि से ज्यादा आकर्षक होती हैं। कभी-कभी हाथ से बनी पेंटिंग्स और रेखाचित्र भी इस्तेमाल किये जाते हैं। विज्ञापन निर्माण में जिन चित्रों का उपयोग होता है उनका केवल आकर्षक होना ही काफी नहीं है। ये चित्र रचनात्मक परिकल्पना का अंग बनकर आने चाहिए। वे ब्रांड की छवि बनाने में सहायक हों। साथ ही सन्देश की अभिव्यक्ति को सम्प्रेषणीय बनाने में सफल हों। उनका उद्देश्य विज्ञापन की स्मरणशीलता बढ़ाना है। वे चित्र उस ब्रांड के साथ इस रूप में जुड़ जाये कि उसे देखते ही उत्पाद या सेवा का स्मरण हो आये। इस दृष्टि से 'अमूल' मक्खन के विज्ञापनों में आने वाले स्कैच याद किये जा सकते हैं जो हर बार उस ब्रांड को नया आयाम देते हैं। वे अत्यन्त रोचक एवं आकर्षक ढंग से उस ब्रांड की याद दिलाने में सफल होते हैं। प्रायः सुख-सुविधा से जुड़े उत्पादों व सेवाओं के लिए तस्वीरें ही प्रकाशित होती हैं। इनमें विज्ञापन उद्योग के बेहतरीन मॉडल, सिने जगत के ब्रांड एम्बेसेडर काम करते हैं। कभी-कभी उत्पाद का चित्र भी विज्ञापन के केन्द्र में रहता है। विशेषतः गाड़ियों के विज्ञापन हों या होटलों,

बड़े-बड़े मकानों, यहाँ तक कि स्कूल-यूनिवर्सिटी के विज्ञापन में भी उनकी तस्वीर रहती हैं जिससे उपभोक्ता को आकर्षित किया जा सके। फ्रिज, टी.वी. वॉशिंग मशीन के विज्ञापन में भी उत्पाद का चित्र उत्पाद के प्रति विश्वसनीयता उत्पन्न करने में सहायक होता है।

डिज़ाइन

विज्ञापन डिज़ाइन में विविध तत्वों के बीच सम्यक संतुलन होना आवश्यक है। किसी भी एक तत्व को अनुपात से अधिक बढ़ाते ही वह अन्य सभी तत्वों पर हावी हो जायेगा और यह संतुलन बिगड़ जायेगा। ऐसी स्थिति से बचने के लिए डिज़ाइनर मन में एक ढाँचे का निर्माण कर लेते हैं। किसी भी आकार का ज्यामितिक केन्द्र बहुत महत्त्वपूर्ण होता है। यानि यह वह बिन्दु है जो सर्वाधिक ध्यान आकृष्ट करेगा, लेकिन विज्ञापन डिज़ाइन के निर्माण में इसे केन्द्र न लेकर इससे जरा ऊपर उस बिन्दु को केन्द्र माना जाता है जिस पर आँख सबसे पहले पड़ेगी। इसे चित्र से समझें तो नीचे दिये गये चित्रों में चित्र 1 व चित्र 2 विज्ञापन स्थान के चित्र हैं। अधिकांश विज्ञापन इसी आकार के होते हैं–

चित्र (1)

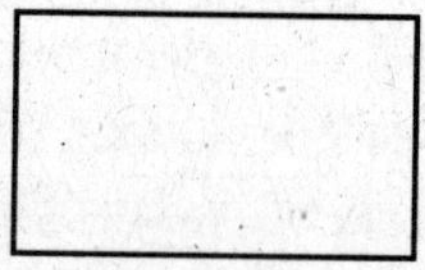

चित्र (2)

इन चित्रों का ज्यामितिक केन्द्र इस प्रकार होगा।

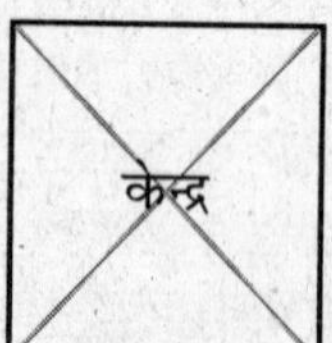

चित्र (1)

चित्र (2)

विज्ञापन डिज़ाइन में इस केन्द्र से थोड़ा ऊपर की ओर केन्द्र रखा जायेगा–

चित्र (1)

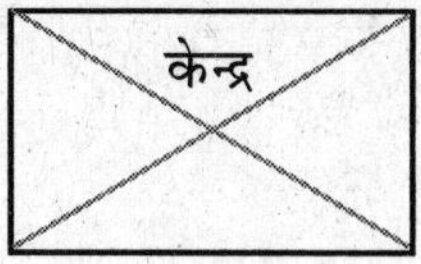

चित्र (2)

विज्ञापन की सबसे महत्त्वपूर्ण बात चाहे वह कोई ध्यानाकर्षक चित्र हो या शीर्ष-पंक्ति उसे विज्ञापन डिज़ाइन केन्द्र पर रखा जायेगा जिससे पाठक की निगाह सबसे पहले उस पर पड़े।

विज्ञापन निर्माण में पूरे स्थान को आप काल्पनिक रेखाओं से बाँट भी सकते हैं जिससे सभी तत्त्वों के सानुपातिक प्रस्तुतीकरण को सम्भव बनाया जा सके। इस विभाजन के कोई निश्चित नियम नहीं है। यह केवल परिकल्पना को सरल बनाने के उद्देश्य से किया जाता है। पूरे स्थान का कभी लम्बाई में, कभी चौड़ाई में तो कभी चौखाना ढाँचा बनाकर वर्गीकरण किया जा सकता है–

प्रायः विज्ञापन आयताकार होते हैं क्योंकि यह आकार लेआउट की आकर्षक प्रस्तुति के लिए बहुत से विकल्प प्रस्तुत करता है। उसे ऊपर से नीचे या बाईं से दाईं ओर सुनियोजित किया जा सकता है। एक आकार के ही भीतर सामग्री को इस तरह बाँटा जा सकता है कि सभी तत्वों को अलग-अलग प्राथमिकता मिले और सभी एक-दूसरे के पूरक बनकर सार्थक भी हों। जैसे रेडियो–टी.वी. के विज्ञापनों में हम सावधान रहते हैं कि बहुत-सी जानकारी एक साथ न देकर एक ही बात पर केन्द्रित रहें, वैसी ही प्रिंट में भी विज्ञापन के केन्द्र में एक या दो बातें ही रहनी चाहिए। हाँ, इस माध्यम में यह सुविधा अवश्य है कि अधिक जानकारी विज्ञापन के बिल्कुल निचले हिस्से में एक अलग 'खाना'-सा बनाकर छोटे अक्षरों में दर्ज की जा सकती है जो पाठक उसे पढ़ाना चाहता है वह अवश्य ही उस पर ध्यान देगा, लेकिन पूरा विज्ञापन बोझिल होने से बच जायेगा। डिज़ाइन के

अन्तर्गत बहुत-सी छोटी-छोटी बातों पर ध्यान देना होता है—मसलन आप एक बिन्दु या रेखा भी खींच रहे हैं तो वह साभिप्राय होना चाहिए।

विजयुलाइजर डिज़ाइनर के मन में यह स्पष्ट होना चाहिए कि वे उपलब्ध स्थान का प्रयोग कैसे करेंगे। रंगों का समंजन किस प्रकार होगा। चित्र को प्रमुखता देनी है या शब्दों को—दोनों में से क्या अधिक मुखर होगा। हर स्थिति में संतुलन बनाए रखना सबसे बड़ी चुनौती है। विज्ञापन की मूल अवधारणा, सृजनात्मक परिकल्पना में यह एकान्विति अनुस्यूत रहती है। वह उसके भीतर समाहित होनी चाहिए आरोपित नहीं। विभिन्न सूत्रों को परस्पर गूँथकर ही सुंदर कलाकृति का निर्माण होता है।

अभी तक रूप-आकार की बात की, रंग भी विज्ञापन डिज़ाइन का अहम हिस्सा है। उनका प्रयोग भी कलात्मक ढंग से किया जाता है। रंग हम सबको मुग्ध करते हैं। साथ ही उनकी अपनी भाषा होती है। 'हर रंग कुछ कहता है।' यह एियान पेंटस की शीर्ष-पंक्ति ही नहीं है, हमारे अनुभव की अभिव्यक्ति है। सभी रंग अलग-अलग भावनाओं के प्रतीक हैं—

- **लाल**—खुशी, ऐश्वर्य, सत्ता—जीवन में उल्लास, रोमांच, ऐन्द्रियता, प्रभुत्व की अभिव्यक्ति के लिए प्रयुक्त होता है।
- **हरा**—प्रकृति, खुशहाली, ईर्ष्या—प्राकृतिक स्निग्धता, खुशी, लहलहाते खेत, वन-उपवन जीवन की हरियाली के प्रतीक रूप में। ईर्ष्या का रंग भी हरा माना गया हैं इसलिए ओनिडा का दैत्य हरा ही है।
- **नीला**—आसमान, समंदर, नीले रंग में खास खुलापन विस्तार खुलापन है। यह रंग सबसे अधिक प्रयुक्त होता है।
- **पीला**—सुनहरा, धूप, उल्लास ज्योतिर्मय, आलोक-पीला रंग प्रकृति के खिलने, धूप के बरसने, ज्योति और आलोक के भर जाने, रोशनी का रंग है जो खुशी और उल्लास का प्रतीक है। यह धीमी आँच की गरमाहट, सम्बन्धों के प्यार को भी रूपायित करता है।
- **सफ़ेद**—उन्मुक्तता, शान्ति, ठहराव-विज्ञापन में सफ़ेद रंग इन गुणों के लिए तो आता ही है, उसका सर्वाधिक प्रयोग पृष्ठभूमि के रूप में होता है। बहुत अधिक सफ़ेद के प्रयोग में नीरसता आ सकती है तो उसके अभाव में सभी तत्वों की ओर ध्यान देना, उन्हें पहचान पाना असम्भव हो जाता है।
- **काला**—अँधेरा, स्याही, ताकत, लक्जरी-प्रिंट में काला रंग पृष्ठभूमि में विशेषतः प्रयुक्त होता है। उस रंग पर अन्य रंगों को उभार पाना सरल

है। काले रंग से लकीरें, खानें भी बना जाते हैं। यह जीवन में निराशा और पत्ति का प्रतीक है तो लक्जरी, ऐश्वर्य, सत्ता और ताकत का प्रतीक भी काला रंग ही है।

ये प्राथमिक रंग हैं। इनके मिलाने से कई रंग बन जाते हैं जो अपने-अपने ढंग रो अपनी बात कहते हैं। विज्ञापन डिज़ाइन में यह महत्त्वपूर्ण है कि रंगों की जो ध्वनियाँ हैं उनका सृजनात्मक उपयोग किया जाये। एक-दूसरे से मिलते-जुलते रंगों का साथ-साथ प्रयोग कर डिज़ाइन में लय आती है।

हल्के रंगों पर गाढ़े रंगों से लिखा जाता है और गहरे रंगों पर हलके या सफ़ेद रंग से ताकि अक्षर दूर से ही साफ़ पढ़े जा सकें। रंगों का सामंजस्यपूर्ण प्रयोग विज्ञापन में 'नयन सुख' की सृष्टि करता है और गलत प्रयोग उसे आँखों को चुभने वाला भी बना सकता है, इस ओर उचित ध्यान देना चाहिए।

प्रिंट विज्ञापन निर्माण के विभिन्न चरण

प्रिंट विज्ञापन निर्माण के लिए एक बार कॉपी तैयार हो जाने पर लेआउट का निश्चय किया जाता है। इसी समय यह भी तय हो जाता है लिखित सामग्री के साथ चित्र आदि होंगे या नहीं और यदि होंगे तो कितने, कहाँ और कैसे प्रस्तुत किये जायेंगे। जैसा ऊपर दिये गये विश्लेषण में देखा लेआउट विज्ञापन का अन्तिम प्रारूप है जिसके अन्तर्गत उसका ढाँचा तैयार हो जाता है, लेकिन लेआउट से विज्ञापन के प्रिंट होने वाले अन्तिम रूप तक उस पर तरह-तरह से काम किया जाता है। कम-से-कम उसे चार स्थितियों से गुजरना होता है। ये चार चरण इस प्रकार हैं :

- थंबनेल स्कैच—पहला संक्षिप्त रूप
- रफ ले आउट—प्रारम्भिक विन्यास
- काम्प्रिहेंसिव—व्यापक विन्यास
- मैकेनिकल—यान्त्रिक विन्यास

थंबनेल स्कैच—प्रिंट विज्ञापन निर्माण की दृष्टि से यह एक पहला संक्षिप्त रूप है जहाँ आड़ी-तिरछी कैसी भी रेखाएँ खींचकर विज्ञापन के विभिन्न तत्वों को एक ढीले-से ढाँचे में रखने की कोशिश की जाती है। एक ही विज्ञापन के लिए अनेक स्कैच बनाए जाते हैं। इस तरह यह निश्चय किया जा सकता है कि अलग-अलग तरह के लेआउट में विज्ञापन कैसा दिखेगा। लेआउट का कौन-सा ढाँचा सन्देश सम्प्रेषण के लिए सबसे अनुकूल रहेगा। यह छोटे-संक्षिप्त स्कैच आर्टिस्ट या कलाकारों द्वारा नहीं बनाए जाते। कॉपी लेखक या कोई भी इस तरह

के स्कैच बना सकता है। इसमें चित्रों की जगह खाली डिब्बे बना दिये जाते हैं जो वहाँ चित्र की उपस्थिति का संकेत देते हैं। ये स्कैच उस लेआउट में विज्ञापन के विभिन्न तत्वों का स्थान निश्चित करने की प्रक्रिया हैं।

रफ लेआउट/प्रारम्भिक विन्यास–यह लेआउट निर्माण से पहले की स्थिति है। थंबनेल स्कैच में जो प्रारूप निश्चित किया जाता है प्रारम्भिक विन्यास तैयार करते हुए उसे बड़े आकार के कागज या अन्य किसी आधार पर उतार कर उसकी परख की जाती है। जब हम पहले स्कैच बनाते हैं तो केवल अंदाज भर होता है कि विज्ञापन कैसा दिखेगा। रफ लेआउट की स्थिति में विज्ञापन के लिए निश्चित आकार को ज्यों-का-त्यों लेकर उपलब्ध स्थान में पूरे माप के साथ जब चीज़ें फिट की जाती हैं और तब उसके समग्र प्रभाव को आँका जाता है। यह इसलिए आवश्यक है क्योंकि उसके बिना विज्ञापन को विजयुलाइज कर पाना, उसके दृश्यबोध को समझ पाना सम्भव नहीं होगा। स्कैच में जो स्थान चित्र के लिए छोड़ा था जब उसमें असली चित्र रखकर देखा जाये कि वह कैसा लगता है। कहीं पूरे विज्ञापन के सन्दर्भ में वह छोटा तो नहीं रह गया या फिर इतना बड़ा दिखाई पड़ रहा है कि उसके कारण लिखित सामग्री महत्त्वहीन लग रही है।' इस तरह के सवालों के उत्तर रफ लेआउट का निर्माण करने से ही मिल सकते हैं।

रफ़ लेआउट क्लाइंट को अंदाज देने के लिए भी बनाए जाते हैं। उनके आधार पर खर्च का अनुमान भी लगाया जाता है।

कॉम्प्रिहेंसिव अथवा व्यापक विन्यास–कॉम्प्रिहेंसिव लेआउट में अन्तिम प्रिंट के और निकट आने की कोशिश रहती है। इसमें आर्ट डायरेक्टर की सहायता से विज्ञापन की 'डमी' बनायी जाती है। कागज के अन्तिम चुनाव से लेकर, शब्दों और रंगों की प्रस्तुति तक में यह लेआउट असली विज्ञापन का प्रतीक होते हैं। इनमें शब्दों के आकार यानी फोंट, उनकी लम्बाई, गोलाई सब पर ध्यान दिया जाता है। रंगों का चुनाव करते हुए भी उसकी छटा यानी एकदम सही शेड का चुनाव हो, यह देखा जाता है। रंगों के परस्पर समंजन पर भी आर्ट डॉयरेक्टर-विजुअलाइज़ बखूबी ध्यान देते हैं। इस तरह निर्मित इस व्यापक विन्यास को क्लाइंट की अन्तिम स्वीकृति के लिए भेजा जाता है और जब सभी लोग जिनकी भागीदारी विज्ञापन निर्माण में है इस विन्यास से सन्तुष्ट हो जाते हैं तब उसे अन्तिम निर्माण के लिए प्रेस में भेजा जाता है।

मैकेनिकल अथवा यान्त्रिक विन्यास–यह प्रिंट विज्ञापन निर्माण का अन्तिम

चरण है। आजकल कम्प्यूटर की सहायता से अन्तिम प्रारूप निर्मित होते हैं। जब उस अन्तिम रूप को लेकर आर्ट-डायरेक्टर, विजुअलाइजर आश्वस्त हो जाते हैं, तभी प्रिंट का संकेत दिया जाता है। एकदम आधुनिक तकनीक के सहारे बढ़िया प्रिंटिंग प्रेस में इस यान्त्रिक विन्यास को प्रिंट विज्ञापन का अन्तिम रूप मिलता है। इसके बाद प्रिंट माध्यम के विज्ञापन आते हैं।

रेडियो माध्यम

रेडियो विज्ञापन का गतिशील माध्यम है। अपने इर्द-गिर्द विज्ञापन के जिन रूपों से हम घिरे हैं उनमें बराबर यह अहसास बना रहता है कि विज्ञापन के क्षेत्र में दृश्यात्मकता का बहुत महत्त्व है। प्रिंट और टेलीविज़न विज्ञापन के दो सर्वाधिक प्रचलित माध्यम दृश्यात्मकता से आक्रान्त हैं। इन सबके बीच रेडियो केवल आवाज़ के दम पर अपनी खास पहचान बनाए हुए है। रेडियो माध्यम की जीवन्तता का आधार श्रोता की कल्पना-शक्ति है। रेडियो भी बिंब रचता है लेकिन यह बिंब श्रोता के मानस पटल पर रचे जाते हैं। संगीत, आवाज़ और विशिष्ट ध्वनि-प्रभावों से रची जाती इस दुनिया में श्रोता माध्यम की शक्ति का अभिन्न अंग हैं। श्रोता के मन-मस्तिष्क में गहराई से पैठकर रेडियो अपने श्रोताओं से घनिष्ठ अंतरंग सम्बन्ध बनाने में कामयाब रहता है। रेडियो की गतिशीलता का एक प्रमाण यह भी है कि वह आसपास के कोलाहाल को चीरते हुए अपने सन्देश को बार-बार सीधे लक्षित-उपभोक्ता वर्ग तक पहुँचाने में सक्षम है।

यदि रेडियो की प्रकृति पर विचार किया जाये तो कुछ विचित्र समीकरण उभरते हैं। जो लोग रेडियो सुनते हैं उनका रेडियो सुनने का समय निश्चित होता है जैसे दफ्तर आने-जाने वाले गाड़ी चलाते हुए रेडियो सुनते हैं। घर पर रहने वाली महिलाएँ काम करते हुए सुबह ग्यारह बजे से दोपहर दो बजे तक अक्सर रेडियो सुनती हैं। युवा वर्ग का अपना समय है। इस हिसाब से जो तस्वीर बनती है, वह कुछ इस प्रकार है कि सुनने वालों के अपने पसन्दीदा रेडियो स्टेशन हैं। अपनी उम्र, आय और रुचि के आधर पर लोग रेडियो सुनते हैं जैसे युवा वर्ग पुराने गाने बजाने वाला स्टेशन नहीं सुनेगा तो बुजुर्ग वर्ग धूम-धड़ाके वाले स्टेशन को पसन्द नहीं करता। महिलाएँ वही चैनल चुनेंगी जिसमें उनकी रुचि की कुछ अतिरिक्त जानकारियाँ भी हों। जब से एफ.एम. चैनलों की धूम मची है यह वर्गीकरण और भी स्पष्ट हो गये हैं तभी तो रेड एफ.एम. यह घोषणा कर रहा है कि वह 'आपके जमाने का रेडियो स्टेशन है बाप के जमाने का नहीं'। 'म्याऊँ' पूरी तरह स्त्रियों की

पसन्द, स्त्रियों के सवालों को केन्द्रित करता है। अलग-अलग चैनल अपने लिए विशिष्ट श्रोता वर्ग बना लेते हैं।

विज्ञापनकर्ता के लिए यह स्थिति अत्यन्त लाभकारी है। इससे वह अपने लक्षित उपभोक्ता वर्ग के आधार पर यह चुन सकता है कि विज्ञापन किस चैनल पर, किस समय और कितनी बार प्रसारित करना चाहता है। रेडियो की सबसे बड़ी ताकत है कि वहाँ एक ही सन्देश बार-बार दोहराया जाता है जिससे वह श्रोता के मन-मस्तिष्क में बस जाता है। स्मरणीयता रेडियो विज्ञापन का सबसे बड़ा गुण है।

कभी-कभी यह दलील दी जाती है कि रेडियो का श्रोता प्रसारित सन्देश को पूरी गम्भीरता से, स्थिर चित्त होकर नहीं सुनता। रेडियो सुनते हुए वह दूसरे बहुत-से कामों में लगा रहता है। चलते-फिरते जो सूचना वह सुनता है उसे सहेज कर रखने की सम्भावना बहुत ही कम है। उस तरह तुरत-फुरत बोली जाती सामग्री में से कितने लोग हैं जो कभी फोन नं. या पता नोट करके रखते हों। ना ही यहाँ अखबार की-सी सुविधा होती है कि इच्छित जानकारी काट कर रख ली जाये। इन सब सवालों के रहते एक बार फिर विज्ञापन माध्यम के रूप में रेडियो की प्रभावक्षमता को जाँचने की आवश्यकता है।

रेडियो की पहुँच अत्यन्त व्यापक है। यह पढ़े-लिखे लोगों का माध्यम है तो निरक्षरों का भी है। निरक्षरों के लिए तो यह एकमात्र माध्यम है। इतना ही नहीं रिक्शा चलाने वाले से लेकर गाड़ी चलाने वाले तक रेडियो सबका खास दोस्त है। इसकी पहुँच धरती से जुड़े किसान से लेकर शहर की ऊँची-ऊँची इमारतों तक है। हिन्दुस्तान में आज भी रेडियो ही वह माध्यम है जिसकी पहुँच इतनी व्यापक है। अब तो सबके मोबाइल फोन में आते-जाते वह सबकी राहों का हमसफर बन गया है।

टेलीविज़न की अपेक्षा रेडियो को हमेशा कमतर करके आँका जाता है जबकि उसकी प्रभावक्षमता कहीं-कहीं टेलीविज़न से भी अधिक है। टेलीविज़न देखने के लिए समय देना पड़ता है। उसके आगे बैठना पड़ता है। रेडियो इस तरह की बाधाएँ उपस्थित नहीं करता। वह हमारे अवचेतन पर अधिकार करता है। अप्रत्यक्ष रूप से अनेक सन्देश कानों में संचरित होते रहते हैं। चाहे-अनचाहे यह सन्देश मन-मस्तिष्क में दर्ज होने लगते हैं और खरीददारी के निर्णयों को प्रभावित करते हैं।

रेडियो सन्देश हमारी स्मृति में बस जाता है। प्रायः रेडियो विज्ञापन आकर्षक संगीतमय जिंगल्स के रूप में रचे जाते हैं। इससे श्रोता का ध्यान बँधा रहता है,

बोल जुबान पर चढ़ जाते हैं और विज्ञापन लगातार आ-आकर मन पर दस्तक देने लगता है। कहानीनुमा विज्ञापन में भी यह निश्चित फार्मूला है कि मुख्य बातों को समेटकर कुछ मजेदार मनोरंजक ढंग से बात कही जाये। सीधे भी कही जा रही हो तब भी यह ध्यान रखना चाहिए कि मूल बिन्दुओं को उजागर करते हुए उत्पाद या सेवा का नाम दो-तीन बार अवश्य दोहराया जाये। यह बार-बार दोहराना ही उसे श्रोता की स्मृति में अमिट बनाता है। यही रेडियो विज्ञापन का लाभ है।

जब रेडियो पर 'समय' खरीदा जाता है तो ऐसे 'पैकेज डील' लिए जाते हैं जिसमें एक कार्यक्रम में या एक दिन में सन्देश कितनी बार दोहराया जायेगा, इस आधार पर उसका मूल्य निश्चित होता है। इस नाते, रेडियो पर विज्ञापन देना बहुत महँगा नहीं पड़ता। एक तो अपने व्यापार की माँग के आधार पर स्थानीय, क्षेत्रीय या राष्ट्रीय चैनलों का चुनाव किया जा सकता है जिनकी कीमत उनके प्रसार क्षेत्र के आधार पर ही होती है। रेडियो विज्ञापन निर्माण में भी कोई भारी डिज़ाइन, वेशभूषा, साज-सज्जा आदि की आवश्यकता नहीं होती। टी.वी. की तरह यहाँ न निर्देशक चाहिए, न कैमरामैन और न ही ब्रांड एम्बेसडर। रेडियो सुननेवालों का प्रस्तुतकर्ता से भावात्मक जुड़ाव हो जाता है जिससे लक्षित विज्ञापन की विश्वसनीयता बढ़ती है।

पहले कहा जाता था कि रेडियो केवल बोलने वाले का माध्यम है। प्रस्तुतकर्ता अपनी मर्जी से अपनी बात श्रोता पर लादता चलता है, लेकिन आज रेडियो ज्यादा पारस्परिक हो गया है। उसमें सुननेवाले की भी उतनी ही भागीदारी है। ऐसे कार्यक्रमों की भरमार है जहाँ आर. जे. फोन कर श्रोताओं से बात करते हैं; विभिन्न सामाजिक, सांस्कृतिक मुद्दों पर उनकी राय जानते हैं। तरह-तरह के खेलों-प्रतियोगिताओं में एस. एम. एस. द्वारा सुनने वालों को शामिल कर लेते हैं। रेडियो का यह बदलता स्वरूप ही उसे इतना लोकप्रिय बना रहा है जो निश्चित रूप से विज्ञापन और बाज़ार के हक में है।

रेडियो विज्ञापन के अनिवार्य घटक

रेडियो विज्ञापन निर्माण के तीन महत्त्वपूर्ण उपकरण हैं—संगीत, आवाज़ तथा ध्वनि-प्रभाव।

संगीत

रेडियो श्रव्य माध्यम है। उसका मुख्य दायरा गीत-संगीत से जुड़ा है। विविध भारत

की लोकप्रियता फिल्मी संगीत के कारण ही बनी और आज एफ.एम. चैनलों का धमाका भी सुपरहिट फिल्मी गाने बजाने से ही है। रेडियो और रेडियो सुनने वालों का संगीत से गहरा रिश्ता है। रेडियो विज्ञापन इन्हीं कार्यक्रमों के बीच प्रसारित होते हैं। इसलिए उनके निर्माण में संगीत की विशेष भूमिका रहती है। अधिकांश रेडियो विज्ञापन जो हमें याद रह जाते हैं वे अक्सर संगीतमय जिंगल्स के रूप में ही होते हैं। 'तंदुरुस्ती की रक्षा करता है लाइफबॉय' जिस संगीतमय कड़ी में निबद्ध होकर यह विज्ञापन आज से लगभग 35-40 बरस पहले प्रसारित होता था वह आज भी लोगों को याद है। संगीत की लय और धुन ही उसे अविस्मरणीय बनाते हैं।

संगीत का प्रयोग जिंगल्स के आधार रूप में तो होता ही है, उन विज्ञापनों में भी होता है जहाँ शब्द प्रमुख हों। शब्दों भरे रेडियो विज्ञापन में संगीत की पृष्ठभूमि विज्ञापन को नया आयाम देती है। शब्दों के अनुसार उसमें संगीत के उतार-चढ़ाव उसे श्रोता के अधिक अनुकूल बनाते हैं। मधुर-ललित संगीत सुकून देता है और आश्वस्त करता है जबकि तेल गति का रॉक म्यूजिक जश्न का माहौल बनाता है।

रेडियो विज्ञापन के लिए संगीत की व्यवस्था दो तरह से की जाती है। बड़ी कंपनियाँ अच्छी-खासी रकम खर्च करके अपने विज्ञापन के लिए एकदम मौलिक संगीत का निर्माण कराती हैं। कभी-कभी टेलीविज़न विज्ञापन का श्रव्यात्मक हिस्सा ही रेडियो पर प्रसारित होता है। ऐसा केवल उन्हीं स्थितियों में होता है जहाँ निरंतरता बनाए रखने के लिए रेडियो को ब्रांड निर्माण के एक्सटेंशन के रूप में इस्तेमाल किया जाता है। पार्श्व संगीत के लिए म्यूजिक लायब्रेरीज से वह संगीत चुना जा सकता है जो कॉपीराइट से सुरक्षित न हो।

आवाज़

रेडियो में बोले गये एक-एक शब्द की कीमत है इसलिए कोशिश यह रहती है कि एक भी शब्द बेकार न जाये। इस बात का जितना महत्त्व रेडियो विज्ञापन लेखन की दृष्टि से है उतना ही उस शब्द की अदायगी से भी है। रेडियो पर आवाज़ का जादू चलता है। यह आवाज़ कुछ खास होनी चाहिए जो भाव और भाषा को एक-साथ वहन कर सके। रेडियो पर हमें जो भी आवाज़ें सुनाई देती हैं उनमें गजब की खनक होती है। उच्चारण की शुद्धता, स्वर भंगिमा के उतार-चढ़ाव और शब्दों से बिंब रच देने की कला रेडियो कलाकारों की पहचान है। रेडियो विज्ञापन निर्माण में ऐसी ही आवाज़ें चुनी जाती है।

स्वर के नियन्त्रण के साथ-साथ बलाघात यानी किस बात पर कितना बल देना है, कहाँ रुकना है, कहाँ बोलना इसका ध्यान रखना भी जरूरी है क्योंकि इन उपकरणों से ही अभिप्रेत अर्थ, निहित-आशयों को संप्रेषित किया जाता है। 'घर ले आइए' कहने के लिए 'घर' पर बल होगा, टोन में मनुहार की तर्ज एक अपनापन पैदा करेगी। इस तरह, ये छोटी-छोटी बातें विज्ञापन को नये अर्थ-आशय प्रदान कर उसका दायरा विस्तृत कर देंगी।

रेडियो पर चेहरे नहीं दिखते, लेकिन हम उन पात्रों-चरित्रों को उनकी आवाज़ से पहचानते हैं। उनकी आवाज़ की खुशी, उदासी, उत्साह, टूटन, हँसी—सब हम तक पहुँचते हैं। कभी-कभी आवाज़ सुनकर ही मन में छवियाँ गढ़ने लगते हैं। कोई आवाज़ गम्भीर हो सकती है, कोई चंचल-चुलबुली, कहीं बच्चों की-सी मासूमियत तो कहीं बुजुर्गों-सा ठहराव, कोई नरम-मुलायम, तो कोई ऐन्द्रीय, कोई ठोस-मजबूत और कोई कर्कश। यह जरूरी नहीं है कि ये सब आवाज़ें पैदा करने वाले लोग इसी तरह के हों। हम क्या जानें कि बच्चे की आवाज़ निकालने वाला व्यक्ति कितना बड़ा है। वह स्त्री है या पुरुष। वह कितनी तरह की आवाज़ें निकाल सकता है। इतना ही नहीं, हो सकता है रेलगाड़ी की आवाज़ भी कोई मुख से निकाल रहा हो। रेडियो विज्ञापन के निर्माण में ऐसे कलाकारों की बहुत पूछ होती है। आवाज़ का सृजनात्मक प्रयोग रेडियो विज्ञापन निर्माण का प्रमुख उपादान हैं।

ध्वनि-प्रभाव

तकनीक के विकास के साथ-साथ विज्ञापन निर्माण में रचनात्मकता की सम्भावनाएँ कई गुना हो गयी हैं। ध्वनि-प्रभाव रेडियो विज्ञापन में ऐसी ही क्षमताएँ उत्पन्न करते हैं। यद्यपि हम बार-बार इस तथ्य को रेखांकित कर रहे हैं कि रेडियो श्रव्य माध्यम है यानी वह शब्द का माध्यम है, संगीत का माध्यम है, लेकिन वो इकहरा माध्यम नहीं है। ध्वनि-प्रभावों का कुशल-संयोजन बहुत कुछ कह सकता है जैसे केवल ध्वनि-प्रभावों में सड़क का कोलाहल, अचानक किसी गाड़ी के रुकने की आवाज़, पुलिस की सीटी और फिर एंबुलेन्स की आवाज़ एक शब्द भी कहे बिना सड़क दुर्घटना का दृश्य हमारी आँखों में सजीव कर सकते हैं। इन प्रभावों से सन्देश जल्दी ग्राह्य बन जाता है। ये ध्वनियाँ हमारे मन पर अनेक छवियाँ अंकित करने में सक्षम हैं। रेडियो विज्ञापनों के निर्माण में इनका सार्थक प्रयोग होता है।

ऐसे ध्वनि-प्रभाव रेडियो लाइब्रेरी या अन्य किसी जगह जहाँ ऐसे संचयन किये गये हों वहाँ आसानी से उपलब्ध हो सकते हैं, लेकिन यदि किसी विज्ञापन के लिए किसी ध्वनि को विशेष रूप से निर्मित किया गया हो तो वहाँ कॉपीराइट

निर्देशों का सम्मान करना चाहिए। कुछ ध्वनियाँ आसानी से स्टूडियो में भी निर्मित की जा सकती हैं जैसे माइक को दूर रखकर बोला जाये तो लगेगा कि दूर से आवाज़ आ रही है और बहुत पास रखकर फुसफुसाने के ढंग से कहा जाये तो लगेगा कि कोई बहुत पास आकर किसी व्यक्तिगत अनुभव की साझेदारी कर रहा है। अलग-अलग आवाजों को मिलाकर भी साउंड मिक्सिंग के जरिये नये ध्वनि-प्रभाव पैदा किये जा सकते हैं।

ध्वनि-प्रभावों का उपयोग विज्ञापन में जितना सम्भावनाशील एवं सृजनात्मक है उतना ही चुनौतीपूर्ण भी है क्योंकि जरा-सा महत्त्वाकांक्षी होते ही वह अतिरिक्त आडम्बरपूर्ण भी हो सकता है जिससे विज्ञापन का प्रभाव बढ़ने की बजाय कम हो जायेगा।

ध्वनि-प्रयोगों की बात करते हुए ही 'मौन' के महत्त्व पर भी विचार कर लेना चाहिए। प्रिंट विज्ञापन में जो स्थान सफ़ेद या खाली जगह का है, रेडियो विज्ञापन में वही अहमियत मौन की भी है। संगीत, आवाज़ और ध्वनि-प्रभाव सभी रेडियो विज्ञापन के उपकरण हैं, लेकिन इनका कुशन संयोजन अत्यन्त आवश्यक है। चमत्कार पैदा करने के लिए सब-कुछ एक दूसरे पर आरोपित नहीं किया जा सकता। सहज ढंग से इन सबके बीच संतुलन रखते हुए इनका समंजन होना चाहिए। पार्श्व ध्वनियाँ मुख्य स्वर पर हावी न हो जायें। विज्ञापन के आरम्भ और अन्त में प्रवेश और निकास की तरह ध्वनियों को 'फेड-इन'-'फेड-आउट' किया जाना चाहिए।

रेडियो विज्ञापन के विविध रूप

प्रिंट विज्ञापन के लेआउट के आधार पर विज्ञापनों में विविधता पैदा की जाती है उसी तरह रेडियो विज्ञापन के भी कुछ निश्चित ढाँचे बन चुके हैं जिनका उपयोग श्रोताओं को प्रभावित करने के लिए किया जाता है। इनका प्रयोग रेडियो पर इतनी बार हुआ है कि ये सभी रूप हमारे लिए परिचित हैं। सृजनात्मकता एवं मौलिकता का अद्वितीय महत्त्व है फिर भी विज्ञापन निर्माण में बहुत बार उन फार्मूलों को अपनाया जाता है जिन्हें समय की कसौटी पर कसा जा चुका है। नीचे दिये गये रूप ऐसे ही फार्मूले या ढाँचे हैं जिनके अन्तर्गत रेडियो विज्ञापन का निर्माण किया जाता है।

- एक ही उद्घोषक द्वारा सन्देश सम्प्रेषण—रेडियो विज्ञापन में यह सबसे आसान रास्ता है। जरूरी सूचनाओं को यूँ भी रचनात्मकता के कारण फेर-बदलकर प्रस्तुत करना उचित नहीं रहता। एक उद्घोषक सीधे

श्रोताओं से मुखातिब हो अपनी बात सीधे-सच्चे ढंग से रखता है। इस तरह के विज्ञापन तथ्यों को श्रोताओं की स्मृति में दर्ज करने में सक्षम रहते हैं। उनमें किसी तरह की द्विआर्थकता की सम्भावना नहीं रहती। कभी-कभी एक एकल उद्घोषक के रूप में कुछ बड़े-प्रतिष्ठित व्यक्तियों को भी चुना जाता है। विशेषतः ऐसे लोग जिनकी आवाज़ बेहद जानी-पहचानी हो—जैसे अमिताभ बच्चन। वे जब अकेले ही रेडियो पर कुछ कहते हैं तो उनकी बात में वज़न अधिक होता है। उससे श्रोताओं में एक भरोसा जगता है।

- दो उद्घोषक—आजकल दो उद्घोषक रखने को ज्यादा प्रभावी एवं रोचक माना जाता है। दो उद्घोषक होने पर विज्ञापन सन्देश को दो लोगों के बीच बातचीत के रूप में भी प्रस्तुत किया जा सकता है। एक आवाज़ स्त्री की हो और दूसरी पुरुष तो उससे विविधता आ जाती है।
- जीवन स्थिति पर आधारित—ज्यादा नाटकीय विज्ञापन वह होते हैं जिनमें एक ऐसी स्थिति की परिकल्पना कर ली जाती है जो अक्सर जीवन में घटती है और उस स्थिति के बीच में विज्ञापन एक आसान विकल्प बनकर आता है। ऐसे विज्ञापनों में रोचकता और रचनात्मकता दोनों होते हैं। अपने जैसे लोगों को सुनना अच्छा लगता है। उनसे तादात्म्य कर पाने में आसानी होती है क्योंकि वहाँ हमें अपनी परछाईं दिखती है।
- साक्षात्कार—इस शैली का प्रयोग भी विज्ञापन की विश्वसनीयता बढ़ाने के लिए ही किया जाता है। इसमें एक ओर उद्घोषक सवाल पूछता है और दूसरी ओर सन्तुष्ट उपभोक्ता उत्पाद या सेवा के विषय में अपना अनुभव बताता है। विज्ञापन में उत्पाद की जिन विशेषताओं या फिर उससे मिलने वाले लाभ के विषय में बताया जाता है। यह सुनकर उपभोक्ता को तसल्ली होती है कि उसका चुनाव गलत नहीं होगा।
- मनोरंजक संवाद—मनोरंजन ही बहुत बार विज्ञापन की लोकप्रियता का आधार बन जाता है। रेडियो-टेलीविज़न के श्रोता-दर्शक विज्ञापनों को भी मनोरंजन के लिए ही सुनते हैं। यदि उन्हें लगे कि विज्ञापन उबाऊ है तो वे उठकर चले जायेंगे और उस पर ध्यान ही नहीं देंगे। मनोरंजक संवाद छोटी-छोटी नाटकीय झलकियों के रूप में जल्द ही श्रोताओं का ध्यान आंकर्षित कर लेते हैं, लेकिन मनोरंजन की अतिशयता मूल सन्देश सम्प्रेषण को बाधित भी कर सकती है।

- जिंगल–रेडियो पर विज्ञापन का सबसे लोकप्रिय रूप यह संगीतमय जिंगल है। होंठो पर जल्द चढ़ जाने वाली आकर्षक धुनों के बीच यत्न से पिरोए गये सन्देश रेडियो पर विशेष प्रसिद्ध हैं। हम जब याद करने की कोशिश करते हैं तो उम्रभर में सुने हुए अनेक जिंगल हमें याद आने लगते हैं। जिंगल विज्ञापन को स्मरणीय बनाने का उत्तम साधन हैं और उसमें उत्पाद का नाम भी बीच में ही रहता है। जिंगल याद होते ही उत्पाद भी याद हो जाता है।

  जिंगल का उपयोग विज्ञापन में कई बार वॉयस ओवर वेफ साथ भी होता है। विज्ञापन का आरम्भ और अन्त जिंगल वेफ साथ हो जिसमें वह उत्पाद की याद दिलाए और बीच में उसकी विशेषताएँ और लाभ वॉयस ओवर द्वारा प्रस्तुत किये जायें। एक स्थिति यह भी हो सकती है कि पूरा जिंगल आने वेफ बाद अंत में स्लोगन वॉयस ओवर वेफ रूप में दिया जाये।

रेडियो विज्ञापन निर्माण के विभिन्न चरण

- रेडियो विज्ञापन निर्माण में सबसे पहले अंतिम आलेख यानी फाइनल रेडियो स्क्रिप्ट का निर्माण किया जाता है।
- स्क्रिप्ट की माँग वेफ अनुसार यह तय करना पड़ता है कि किस प्रकार के संगीत, कलाकारों और ध्वनि प्रभावों की आवश्यकता है।
- अलग-अलग फॉर्मेट में आवश्यकताएँ भी एक-दूसरे से भिन्न ही होती हैं। इनका निश्चय बहुत सीमा तक विज्ञापन बजट से भी जुड़ा है। यदि बड़ी कम्पनी है और विज्ञापन बजट में अधिक खर्च करने का प्रावधान है तो निश्चय ही संगीत, ध्वनि-प्रभावों और कलाकारों का चयन विशिष्ट होगा और यदि खर्च करने की सीमित सुविधा है तो सब कुछ निश्चित दायरों में करना होगा।
- कलाकारों का चयन सबसे पहली ज़िम्मेदारी है। निर्देशक की नियुक्ति भी प्राथमिक होती है किन्तु कम खर्च या मझोले स्तर के निर्माण के लिए सीधे रिकॉर्डिंग स्टूडियो जाकर अपनी आवश्यकतानुसार सभी तत्वों का प्रयोग करते हुए विज्ञापन रिकॉर्ड कर लिया जाता है।
- बड़े पैमाने पर, अधिक खर्च करने वाली कम्पनियाँ सबसे पहले अपने उत्पाद के लिए विशिष्ट संगीत तैयार करवाती हैं।

- संगीत के बाद बारी आती है ध्वनि-प्रभावों के सृजन की। आवश्यकतानुसार सही स्रोतों से इनका भी संचयन होता है।
- श्रेष्ठ कलाकार चुनकर सब तत्वों का समुचित समंजन करते हुए अनेक पूर्वाभ्यास होते हैं।
- संगीत, ध्वनि-प्रभाव तथा कलाकारों की आवाज़ को आजकल अलग-अलग रिकॉर्ड किया जाता है। फिर स्टूडियों में तकनीकी कौशल का उपयोग कर सभी को मिक्स किया जाता है।
- अलग-अलग रिकॉर्ड करने का उद्देश्य यह है कि किसी भी आवाज़ से दूसरी आवाज़ दब न जाये। सब रिकॉर्डिंग्स में पूरी स्पष्टता हो और फिर उनका परस्पर समंजन कर प्रभाव की एकनिष्ठता पैदा की जाये।
- अन्तिम चरण में तैयार किये गये टेप प्रसारण के लिए यथास्थान भेज दिये जाते हैं। कोशिश यही रहती है कि जो समय खरीदा गया है विज्ञापन उस समय सीमा से कुछ क्षण पहले ही पूरा हो जाये ताकि किसी भी स्थिति में प्रसारण के समय वह कट न जाये। अर्थात् 30 सेकेण्ड का समय हो तो विज्ञापन 28-29 सेकेण्ड का बनाया जाता है। इस तरह कड़ी मेहनत और तकनीकी उत्कर्ष से निर्मित विज्ञापन निश्चित रूप से श्रोताओं को बाँधने में सफल रहते हैं। वुफछ श्रोताओं पर उसवेफ प्रभाव का प्राथमिक अध्ययन करने के बाद ही उसे व्यापक राष्ट्रीय-अन्तर्राष्ट्रीय स्तर पर लाँच किया जाता है।

विज्ञापन 1

पात्र : माँ तथा उद्घोषक 1 : उद्घोषक 2 : 25 सेकेंड

माँ : मैं अपने बेटे को Next सचिन तेंदुलकर बनाना चाहती हूँ। वो देश के लिए वर्ल्ड कप जीतेगा—

उद्घोषक—1 (स्त्री स्वर) : बस इतना ही और भी कुछ माँगती तो वो भी पूरा हो जाता TOSHIBA POWER TV के साथ

माँ : TOSHIBA POWER TV

उद्घोषक—2 (पुरुष स्वर) : आपका बच्चा अभी से World Champion सचिन तेंदुलकर के साथ खेल सकता है TOSHIBA 2020 Challenge में बस, घर ले आइए TOSHIBA POWER TV 2020 के down payment पर और जवाब दीजिए एक आसान से सवाल का Condition Apply

विज्ञापन 2

नाटकीयता एवं उद्घोषणा

ममी, मैं चाकलेट खा लूँ
हाँ बेटा
ममी, मैं डॉगी को छू लूँ
हाँ बेटा
ममी, मैं धूप में खेल लूँ
हाँ बेटा
(पुरुष स्वर में उद्घोषणा)

* विश्वसनीय ढंग से कहा जायेगा

अब धूप से काई डर नहीं क्योंकि यह जानती हैं घमौरियाँ चिंटू को छू भी नहीं सकती। इनके पास है नाइसिल जो धूप में भी कीटाणुओं से लड़े।

* बोलने का अन्दाज बदलता है। घोषणा की तरह बोला जायेगा

अब यह प्रमाणित हो चुका है, चार हफ्ते नाइसिल लगाने के बाद घमौरियाँ आपको छू भी नहीं सकतीं।

टेलीविज़न माध्यम

टेलीविज़न की दुनिया विज्ञापन के आने से हमेशा के लिए बदल गयी। कभी समाचार और मनोरंजन के माध्यम के रूप में प्रसिद्ध टेलीविज़न आज पूरी तरह विज्ञापन के बस में हो गया है। एक अध्ययन के अनुसार यह अनुमान है कि भारत में विज्ञापन पर होने वाले कुल खर्च का 41% टेलीविज़न माध्यम के द्वारा खर्च होता है और यह भी बहुत बड़ा सच है कि हिन्दुस्तान में टेलीविज़न हमारी फुर्सत के पलों का साथी है। अधिकांश उपभोक्ता वर्ग पाँच-छह घंटे अवश्य ही टेलीविज़न देखते हुए गुज़रता है। इस तरह टेलीविज़न एक अत्यन्त आत्मीय माध्यम बन जाता है जिसकी पहुँच घर-घर में है।

टेलीविज़न छवि, ध्वनि और संगीत का अद्‌भुत संगम है। वह अपने अनोखे ढंग से दर्शक की कल्पना को प्रेरित करता है। कोई भी उत्पाद हो या सेवा जैसे ही टेलीविज़न पर उसका विज्ञापन देखा नहीं कि उपभोक्ता के मन में झट उसे पाने की ललक होने लगती है। इस अर्थ में टेलीविज़न तात्कालिक प्रतिक्रिया उत्पन कर सकता है। इस स्थिति का लाभ उठाते हुए अधिकतर विज्ञापनकर्ता दर्शकों के मर्म को छूने का प्रयास करते हैं। एक ओर भावनात्मक दृष्टि से उत्पाद को पाने की इच्छा जगाना और दूसरी ओर टेलीविज़न पर उस उत्पाद के इस्तेमाल की लुभावनी छवियाँ उपभोक्ता को पूरी तरह आश्वस्त कर सकती हैं।

रेडियो पर जिन खूबियों का केवल बखान सुनते हैं वही टेलीविज़न पर जब सामने दिखाई पड़ता है तो उपभोक्ता तटस्थ भाव से उसका कामकाजी रूप देखकर उसके फायदों का अनुमान कर सकता है। जैसे टेलीविज़न पर वॉशिंग मशीन का विज्ञापन केवल मशीन की धुलाई के विषय में ही नहीं है। हमारी स्क्रीन पर सामने आता है एक हँसता-खेलता परिवार जो साथ-साथ समय बिता रहा है क्योंकि घर में कपड़ों की धुलाई का काम अमुक वॉशिंग मशीन कर रही है। टेलीविज़न उपभोक्ता को सीधे घर के भीतर जाकर सम्बोधित करता है। उसकी प्रभावक्षमता से कोई अछूता नहीं रह सकता। उस पर प्रस्तुत छवियाँ उत्पाद या

सेवा को ही प्राथमिकता नहीं देती, उपभोक्ता के सुख-संतोष की कहानी कहती हैं जिससे वे लाखों देखने वालों का मन मोह सकें और विज्ञापन के अन्तिम उद्देश्य यानी अधिक-से-अधिक लोगों को उपभोक्ता बनाने, बिक्री के आँकड़ों को चढ़ाने में सफल हो सकें।

टेलीविज़न की यह पहुँच भौतिक क्षेत्र में तो है ही, उससे कहीं अधिक वह उपभोक्ता के मानसिक क्षितिज तक पहुँचने की कोशिश है जो विज्ञापन के अन्य किसी भी माध्यम के द्वारा सम्भव नहीं है। उपभोक्ताओं के व्यवहार को प्रभावित करने से लेकर उसे नियंत्रित करने तक का कार्य टेलीविज़न करता है।

टेलीविज़न उत्पाद को व्यापक पहचान देता है क्योंकि वह एक साथ बहुत-से लोगों को सम्बोधित करता है। टेलीविज़न पर आने वाली फिल्मों या क्रिकेट मैचों के दौरान विज्ञापन दरें बहुत अधिक होती हैं। 2010 हुए आई.पी.एल. मैचों में दस सेकेंड के स्पॉट की कीमत बारह लाख लगाई गयी। यह केवल प्रसारण का खर्च है। विज्ञापन निर्माण पर आने वाली लागत इससे अलग है। इतना महँगा माध्यम होने पर भी टेलीविज़न पर विज्ञापन देने वालों के बीच परस्पर होड़ लगी रहती है। सब अपने उत्पाद को प्रमुखता से प्रस्तुत होता देखना चाहते हैं क्योंकि सभी यह जानते हैं कि निश्चित दस सेकेंड की अवधि में भी लाखों लोगों तक जिस तरह एक साथ पहुँचा जा सकता है, वह किसी अन्य माध्यम से सम्भव नहीं है। यहाँ भी आप एक स्पॉट खरीदकर पूरा लाभ नहीं उठा सकते जो प्रभाव एक बार पैदा किया है उसे बार-बार दोहराकर ही उपभोक्ता की स्मृति में दर्ज किया जा सकता है। इसलिए टेलीविज़न विज्ञापन बार-बार दिये जाते हैं, लम्बे समय तक दिये जाते हैं।

एक बड़े वर्ग को सम्बोधित करने के साथ-साथ टेलीविज़न विज्ञापन विशिष्ट उपभोक्ता वर्ग को भी सम्बोधित करते हैं। केबल टी. वी. के आ जाने से टेलीविज़न की नयी सम्भावनाएँ उजागर हुई हैं। प्रत्येक आयु वर्ग के अपने मनपसन्द चैनल हैं—बच्चे कार्टून नेटवर्क या डिजनी चैनल देखते हैं, युवा 'एम टी. वी.' या चैनल वी', स्त्रियों को घर घर की कहानियों वाले धारावाहिक अच्छे लगते हैं, खेल प्रेमियों की पसन्द स्पोर्ट्स चैनल हैं, बुद्धिजीवियों को समाचार-विचार के कार्यक्रमों में दिलचस्पी है तो बड़े-बूढ़ों को आस्था चैनल में—यह सब केवल टेलीविज़न चैनलों का वर्गीकरण नहीं है। बाज़ार की दृष्टि से यह वर्गीकृत उपभोक्ता श्रेणियाँ भी हैं जिनके आयु वर्ग और दिलचस्पियों की खबर बाज़ार को है। उनकी प्राथमिकताओं के आधार पर उनको आकर्षित करने वाले उत्पाद और सेवाओं के विज्ञापन उनके मनपसन्द चैनल पर दिये जायें तो उन्हें दोहरी सफलता मिलेगी।

ये विज्ञापन लक्षित उपभोक्ता वर्ग को सीधे सम्बोधित कर पायेंगे और चूँकि इन चैनलों को देखने वालों की पसन्द-नापसन्द भी परिभाषित रहती है, इसका लाभ यह होता है कि उत्पाद का बिक्री प्रस्ताव उनके अनुकूल प्रस्तुत किया जा सकता है। उपभोक्ताओं को इस तरह इकट्ठा कर पाने का काम टेलीविज़न माध्यम द्वारा अनायास ही हो जाता है।

उपभोक्ताओं को इतने स्तरों पर प्रभावित करने वाले सशक्त माध्यम के रूप में टेलीविज़न की विशेष प्रतिष्ठा भले ही रही हो, लेकिन यह बहुत खर्चीला माध्यम भी है। छोटे या मझोले व्यवसाय विज्ञापन के इस दायरे के बाहर ही रहते हैं। यद्यपि इस दृष्टि से भी केबल टी.वी. के कुछ स्थानीय चैनल राहत देते हैं। उनमें स्लाइड के तौर पर या नीचे चलने वाले टिक्कर के रूप में कम खर्च पर ही विज्ञापन दिये जा सकते हैं, परन्तु ये विज्ञापन सिर्फ नाम के लिए ही टेलीविज़न विज्ञापन हैं। इनमें टेलीविज़न की सम्भावनाओं का कोई इस्तेमाल नहीं होता। इनका स्वरूप प्रिंट विज्ञापन के ही निकट है। इसीलिए यह कहा जाता है कि यदि विज्ञापन के लिए उचित बजट हो तभी टेलीविज़न विज्ञापन का प्रयोग करना चाहिए।

रेडियो की ही तरह टेलीविज़न विज्ञापन की एक सीमा यह भी है कि कार्यक्रमों की भीड़ में विज्ञापन महत्वहीन हो जाते हैं। अधिकांश दर्शक यह समझते हैं कि कार्यक्रम के बीच विज्ञापन मात्र पूरक हैं। दर्शकों को जो भी जरूरी काम होते हैं वे प्रायः विज्ञापन के दौरान ही निपटाने की कोशिश करते हैं। फोन पर बात करनी हो, उठकर दूसरे कमरे से कुछ लाना है, खाना-पीना है—यह सब कब किया जायेगा जब 'एड-ब्रेक' होगा यानी लाखों खर्च कर जिस विज्ञापन का निर्माण होता है वह विज्ञापन जब प्रसारित होता है तब जिसे वह सम्बोधित करना चाहता है, वह सम्भावित उपभोक्ता उठकर कहीं चल देता है या पूरी गम्भीरता से नहीं सुनता।

इन सभी स्थितियों का सामना विज्ञापन निर्माण की प्रक्रिया के दौरान किया जा सकता है। रचनात्मकता टेलीविज़न विज्ञापन का प्रमुख घटक है। दर्शकों को बाँध पाना उसकी पहली चुनौती है। टेलीविज़न विज्ञापनों के निर्माण में विभिन्न प्रयोग इसी दृष्टि से किये जाते हैं। बहरहाल मूल बात इतनी ही है कि टेलीविज़न माध्यम की सम्भावनाएँ उसकी सीमाओं से कहीं अधिक हैं। उनका कुशल प्रयोग करते हुए जब इस माध्यम के लिए विज्ञापन निर्माण किया जाता है तो वह विज्ञापन के इतिहास रचता है।

टेलीविज़न विज्ञापन के अनिवार्य घटक

टेलीविज़न के लिए विज्ञापन निर्माण दो कारणों से बहुत चुनौतीपूर्ण रहता है। एक तो उस पर आने वाला खर्च इतना अधिक है कि थोड़ी-सी लापरवाही या अनुमान की गलती महँगी पड़ सकती है। दूसरे, इस माध्यम में बहुत से तत्वों का समंजन करना होता है। अच्छे विज्ञापन में इनमें से किसी भी पक्ष को अनदेखा नहीं किया जा सकता। इस माध्यम की निर्माण प्रक्रिया की जटिलता का अंदाज इस बात से भी लगता है कि तीस सेकेंड में दिखाये जाने वाले विज्ञापन के निर्माण में दस से लेकर तीस दिन भी लग सकते हैं। हालांकि इस क्षेत्र से जुड़े लोगों के लिए यह चुनौती मजेदार अनुभव रहती है और कुछ लोग तो यहाँ तक मानते हैं कि टेलीविज़न के लिए विज्ञापन बनाना प्रिंट के लिए विज्ञापन बनाने की अपेक्षा सरल है क्योंकि यहाँ विज्ञापन के मूल रचनात्मक बिन्दु को अनेक दिशाओं में विकसित करने की सम्भावना है। शब्द, दृश्य, संगीत, संवाद, अभिनय, छायांकन अनेक तत्व मिलकर विज्ञापन सन्देश की अभिव्यक्ति करते हैं। ये सभी तत्व अपनी विशिष्टता के अनुसार इस विज्ञापन में अतिरिक्त आयाम जोड़े देते हैं जिससे विज्ञापन में सम्प्रेषण तथा उपभोक्ता को निर्दिष्ट करने की क्षमता बहुत बढ़ जाती है।

अन्य माध्यमों की अपेक्षा टेलीविज़न विज्ञापन निर्माण साझी प्रक्रिया है। 'टीमवर्क' की अहमियत यद्यपि प्रिंट और रेडियो में भी है, लेकिन टी.वी. में कुशल सहभागिता के बिना विज्ञापन निर्माण असम्भव है। टेलीविज़न विज्ञापन के दो मुख्य उपकरण हैं: दृश्य (वीडियो) तथा श्रव्य (ऑडियो)।

दृश्य

दृश्य के अन्तर्गत विज्ञापन के वे सभी तत्व आ जाते हैं जो किसी-न-किसी रूप में स्क्रीन पर दिखाई देते हैं। मूलतः जब विज्ञापन फिल्माया जाता है तो पृष्ठभूमि के तौर पर जो दृश्य लिए जाते हैं उनके हर छोटे-बड़े विवरण पर विशेष ध्यान दिया जाता है। प्रिंट में जैसे हर शब्द के मायने हैं और एक भी शब्द व्यर्थ नहीं किया जाता वैसे ही टेलीविज़न में हर दृश्य के मायने हैं। एक भी तत्व वहाँ ऐसा नहीं होना चाहिए जो अनावश्यक हो क्योंकि यदि दिखाये जा रहे फ्रेम में देखने को बहुत अधिक हो तो दर्शक का ध्यान उस बिन्दु पर एकाग्र नहीं हो पायेगा जो विज्ञापन का केन्द्र है। टेलीविज़न विज्ञापन में इन दोनों बातों का महत्त्व है कि क्या दिखाया जा रहा है और कैसे दिखाया जा रहा है?

'क्या दिखाया जा रहा है' का फोकस वो सारे विवरण हैं जो कथ्य को

अतिरिक्त आयाम देते हैं। पृष्ठभूमि के दृश्य और उसके बीच सही तालमेल होना चाहिए—जैसे यदि निम्नमध्यवर्गीय परिवार का दृश्य है तो उनका परिधान बहुत पाश्चात्य नहीं होगा। उनकी संवाद अदायगी में भी उस क्षेत्र की हल्की-सी छाप होगी। यह बातें देखने में सामान्य लग सकती हैं, लेकिन टेलीविज़न विज्ञापन को विजयुलाइज करते हुए इन छोटी-छोटी बातों का ध्यान रखना होता है और सम्भवतः यह सारे विवरण कॉपी में लिखे जाने चाहिए।

टेलीविज़न विज्ञापन में 'क्या' के साथ 'कैसे' दिखाना है, यह भी महत्त्वपूर्ण है। कैसे का सम्बन्ध अभिनेता की मुद्राओं, संवाद अदायगी और पूरे दृश्य को फिल्माने के ढंग से है। ऐसे बहुत-से विज्ञापन होते हैं जहाँ ऑडियो के रूप में जिंगल का इस्तेमाल किया जाता है। पीछे जिंगल बजता रहता है और स्क्रीन पर उसकी मूल चेतना को पकड़ने वाले दृश्य दिखाई देते हैं। वहाँ अभिनेताओं की मुद्रा, उनके चेहरे पर आने वाले भावों की अभिव्यक्ति ही प्रमुख रहती है। उसी से सन्देश सम्प्रेषण होता है।

'कैसे दिखाया जाये' की असली कसौटी कैमरा है। टेलीविज़न विज्ञापन के निर्माण में तकनीकी संगति के द्वारा ही निश्चित प्रभाव अर्जित किया जा सकता हैं अधिकांश विज्ञापनों में एक सीन से अधिक रहते हैं। यों भी जिस विज्ञापन को दस दिन तक शूट किया गया है और जिसे 30 सेकेंड में प्रसारित करना है उसे ज्यों-का-त्यों तो नहीं जाने दिया जा सकता। उसका संपादन करते हुए उससे इच्छित प्रभाव का सृजन किया जाता है। विज्ञापन अलग-अलग दृश्यों का जमघट न लगे, उनमें तारतम्यता हो, इसके लिए कैमरे की अनेक तकनीकों का सहारा लिया जाता है। दृश्यात्मक स्तर पर कुछ 'स्पेशल इफैक्ट' भी इसमें जोड़ दिये जाते हैं जो विज्ञापन को पूर्णता देते हैं।

श्रव्य

टेलीविज़न विज्ञापन के लिए दृश्य के साथ-साथ उन आवाज़ों का भी महत्त्व है जो दृश्य के साथ चलती हैं। यह आवाज़ शरीर में प्राण की तरह हैं। रेडियो की ही तरह टेलीविज़न में श्रव्य ऑडियो के अन्तर्गत संगीत, आवाज़ और ध्वनि-प्रभाव सभी का महत्त्व होता है। टेलीविज़न में भी बहुत से विज्ञापन जिंगल्स की तरह होते हैं। आरम्भ से अन्त तक पूरी स्थिति को गीत की एक कड़ी के रूप में प्रस्तुत किया जाता है। बोलों के बिम्ब कल्पना के माध्यम से केवल मन पर नहीं बनते, रुपहले पर्दे पर वे साक्षात् प्रस्तुत होते हैं। टेलीविज़न में संगीत विज्ञापन का अपरिहार्य घटक बन सकता है क्योंकि यहाँ वह विविधमुखी भूमिकाएँ निभाता

है। यदि विज्ञापन पूर्णतः संगीत आधारित जिंगल नहीं भी है, तब भी वह पृष्ठभूमि में रहकर स्क्रीन पर दिखने वाले दृश्यों को जीवन्त कर देता है। जहाँ विज्ञापन संगीत से खुलता है वहाँ दर्शकों का ध्यान आकर्षित व केन्द्रित रखने में संगीत बहुत महत्त्वपूर्ण सिद्ध होता है। अलग-अलग दृश्यों के बीच एकसूत्रता स्थापित करने का काम भी बहुत बार संगीत से ही सम्भव होता है।

संगीत के साथ-साथ स्थिति के अनुसार ध्वनि प्रभावों का भी उपयोग किया जाता है। ट्रेन का दृश्य तब तक अधूरा रहेगा जब तक ट्रेन की छुक-छुक वहाँ सुनाई न पड़े। विशिष्ट ध्वनि-प्रभाव विज्ञापन को जीवन्त करते हैं, गति देते हैं और विश्वसनीय बनाते हैं। इलेक्ट्रॉनिक क्षेत्र में हुए तकनीकी विकास ने ध्वनि-प्रभावों की क्षमता को बहुत बढ़ा दिया है।

टेलीविज़न विज्ञापन में 'आवाज़' ऑडियो को पूर्णता देती है। यहाँ आवाज़ की भूमिका रेडियो से भिन्न है। रेडियो में विज्ञापन का पूरा दारोमदार आवाज़ पर ही है। आप भावनात्मक अपील का प्रयोग कर रहे हैं या विचारात्मक, भाव या विचार का वहन आवाज़ के उतार-चढ़ाव से ही सम्भव होता है, जबकि टेलीविज़न में दृश्य और अभिनय प्रमुख है। आवाज़ उसे संगति देती है। टेलीविज़न में आवाज़ का प्रयोग वॉयस ओवर, अभिनेताओं के संवादों या फिर प्रवक्ता द्वारा उत्पाद या सेवा के विषय में बताने के रूप में होता है। जो स्क्रीन पर दिख रहा है उसको जबरदस्ती शब्दों में दोहराया नहीं जाता क्योंकि ऐसा करने से दर्शक का ध्यान आकर्षित होने की बजाय ध्यान भंग भी हो सकता है। जो बात एक अभिनेता अपनी भाव-भंगिमा से अभिव्यक्त कर रहा है उसे अतिरिक्त शब्दों के प्रयोग से अतिनाटकीय बनाने की आवश्यकता नहीं है। इन दिनों 'कोका कोला' के एक विज्ञापन को बहुत प्रसिद्धि मिल रही है। इस विज्ञापन में युवा पीढ़ी के दिलों पर राज करने वाले इमरान ख़ाँ हैं। एक भीड़ भरी बस में उन्हें एक मित्र मिलती है जो मूक अभिनय से चलती बस से हाथ बढ़ाकर दीवार पर छपे कोका कोला के विज्ञापन से बोतल उठाने का अभिनय करती है। इमरान गट-गट के अभिनय से उसे पीने के सुख का इज़हार करते हैं। पृष्ठभूमि में गीत बजता है–

'तुम जो मिल गये हो
तो ये लगता है
कि जहाँ मिल गया...

लड़की के चेहरे पर मायूसी आने लगती है जब उसे लगता है कि इमरान अकेले ही सारी कोका कोला पी गये तभी वे अपने बैग से सचमुच में कोका कोला की बोतल निकाल उसकी ओर बढ़ाते हुए चेहरे पर एक तरफ की भवें उठाने का

अभिनय करते हैं। यहाँ अभिनेताओं की भंगिमाओं के सम्मुख शब्दों एवं आवाज़ का कोई महत्त्व नहीं है। केवल स्लोगन लिखा आ जाता है 'ओपन कोक ओपन हैपीनेस' यानी कोका कोला खुलते ही खुशियाँ खुल जाती हैं।

अच्छा टेलीविज़न विज्ञापन आवाज़ का प्रयोग बहुत सावधानी से करता है। उसका दृश्य से सम्बन्ध होना चाहिए। कम-से-कम शब्दों में अधिक व्यंजित करने की कोशिश हो। वॉयस ओवर की आवाज़ में भी अतिनाटकीयता की अपेक्षा गम्भीरता अधिक होनी चाहिए।

टेलीविज़न विज्ञापन के अनिवार्य तत्वों की बात करते हुए यद्यपि दृश्य एवं श्रव्य का ही उल्लेख किया गया है, लेकिन सच तो यह है कि अभिनय, निर्देशन, ध्वनि, प्रकाश, सज्जा ये सब उसके प्रमुख तत्व हैं जो एक-दूसरे के साथ इतने घुले-मिले हैं कि उन पर अलग से बात नहीं की जा सकती। कुशल निर्देशक के हाथों में ये सभी तत्व मिलकर एक विज्ञापन को कला अनुभव बना देते हैं जो अनेक स्तरों पर हमारे जीवन को प्रभावित करता है।

टेलीविज़न विज्ञापन के विभिन्न रूप

रचनात्मकता के कभी रूढ़ ढाँचे नहीं होते। इसीलिए विज्ञापन निर्माण के भी कोई निश्चित रूप नहीं हैं। जो कभी नहीं हुआ, जब भी कोई उसे करने का प्रयत्न करता है और सफलता के नये प्रतिमान स्थापित कर पाता है, उसी बिन्दु से सृजनात्मकता नये आयाम पा जाती है। ऐसे प्रयोग हर बार नहीं किये जा सकते क्योंकि टेलीविज़न विज्ञापन का बजट काफी ज्यादा होता है हर क्लाइंट अपने पैसे के साथ यह जोखिम उठाने को तैयार नहीं होता। इन सारी स्थितियों में कुछ तयशुदा ढाँचे या फार्मूले भी होते हैं जिनको आधार बनाकर विज्ञापन तैयार किये जाते हैं।

सेलिब्रिटी समर्थित विज्ञापन—टेलीविज़न पर किसी भी सेलिब्रिटी द्वारा समर्थित विज्ञापन विशेष लोकप्रिय होते हैं। वर्षों से यह अचूक फार्मूले की तरह इस्तेमाल होता आया है। हिन्दुस्तान में लक्स साबुन के आरंभिक विज्ञापनों में लीला चिटनीस का चेहरा लक्स की खूबसूरती का मानक था। समय के साथ-साथ चेहरे बदले-मधुबाला, हेमा मालिनी, रेखा, जीनत अमान, माधुरी दीक्षित, करिश्मा कपूर, ऐश्वर्या राय, कैटरीना आदि—जो बात नहीं बदली वह यही थी कि आज भी लक्स फिल्मी सितारों का सौन्दर्य साबुन है।

अमिताभ बच्चन टेलीविज़न विज्ञापनों के शहंशाह हैं। रीड एवं टेलर से लेकर डाबर, रिन सफ़ेदी, पल्स पोलियो, कैडबरी चॉकलेट सबके मुख पुरुष अमिताभ ही

हैं। फिल्मी सितारों में आमिर ख़ाँ, शाहरुख ख़ाँ, सैफ अली, करीना कूपर, ऋतिक, शाहिद की आय का बहुत बड़ा भाग विज्ञापनों से आता है और वे एक साथ एक से अधिक उत्पाद या सेवाओं को अपनी विश्वसनीयता की मुहर लगाकर बाज़ार में स्थापित करते हैं।

फिल्मी सितारों के साथ खिलाड़ी भी पीछे नहीं हैं। क्रिकेट पूरे देश का अत्यन्त लोकप्रिय खेल रहा है। इसीलिए अधिकांश विज्ञापनों में क्रिकेट के मैदान में अपना परचम लहराने वाले सचिन तेंदुलकर, महेन्द्र सिंह धोनी, युवराज, सहवाग अलग-अलग विज्ञापनों में दिखाई देते हैं। कभी-कभी तो जब टीम हारने लगती है तब यह विवाद भी खड़ा हो जाता है कि खिलाड़ी अपना वक्त मैदान की अपेक्षा विज्ञापनों की शूटिंग में ज्यादा लगा रहे हैं। क्रिकेट के अलावा अन्य खेलों में सानिया मिर्जा बहुत लोकप्रिय रही हैं। आजकल मुक्केबाजों का भी दौर है। विजेन्द्र सिंह ने अपनी पहचान बनायी है। ओलंपिक स्वर्ण पदक विजेता अभिनव बिन्द्रा, कार रेसिंग चैंपियन नारायण कार्तिकेयन, शतरंज के सरताज विश्वानाथन आनन्द भी कुछेक विज्ञापनों में दिखाई पड़ते हैं।

सितारों को केन्द्र में रखकर बनाए जाने वाले विज्ञापन प्रायः उस खूबी या गुण को उभारते हैं जो उत्पाद से जुड़ा हो और सितारों पर भी खरा उतरे। इन विज्ञापनों में कभी-कभी तो सितारे सीधे उपभोक्ता को सम्बोधित करते हैं और उत्पाद के समर्थन में अपना वक्तव्य प्रस्तुत कर देते हैं। कभी-कभी कुछ स्थितियाँ पेश कर उसमें उस सितारे को एक चरित्र की तरह प्रस्तुत किया जाता है जैसे 'i 10' के विज्ञापन में शाहरुख या 'हाइड एंड सीक' बिस्कुट के विज्ञापन में ऋतिक। इन विज्ञापनों में बस एक बात ध्यान रखने की होती है कि उत्पाद का व्यक्तित्व उस हस्ती के व्यक्तित्व से मेल खाता हो।

धारावाहिक विज्ञापन—टेलीविज़न पर धारावाहिक देखते-देखते विज्ञापन की एक दिशा भी धारावाहिक की ओर मुड़ गयी। एक ही उत्पाद के लिए छोटे-छोटे कई विज्ञापन बना लिए जाते हैं जो एक-दूसरे के पूरक होते हैं। उन्हें अलग-अलग समय पर दिखाया जाता है। इसका सबसे अच्छा उदाहरण वोडाफोन के जू-जू हैं। वोडाफोन मोबाइल सेवा की विभिन्न विशेषताओं, उसकी अलग-अलग योजनाओं को आधार बनाकर बहुत-सी छोटी-छोटी कहानियों के विज्ञापन बने हैं। मोबाइल फोन आजकल सिर्फ सुनने-सुनाने का जरिया भर नहीं हैं। उस पर अनेक सेवाएँ उपलब्ध हैं, लेकिन सभी सेवाओं की जानकारी यदि एक साथ दी जाये तो एक विज्ञापन में सूचना की भरमार हो जायेगी और सन्देश सम्प्रेषण ठीक से नहीं हो पायेगा। इसलिए अलग-अलग स्थिति के अलग-अलग विज्ञापन, स्लोगन सभी का

एक—'पॉवर टू यू'। इस तरह के धारावाहिक विज्ञापन तब हुत लोकप्रिय होते हैं जब उन्हें बार-बार दोहराना हो जैसे क्रिकेट मैच के दौरान। हर ब्रेक में वोडाफोन का विज्ञापन दिखाया जाना है तब हर बार अलग पेशकश वाला विज्ञापन जिज्ञासा और रोचकता बनाए रखता है, लेकिन उसका मूल ढाँचा तथा प्रस्ताव एक ही रहता है जिससे उसको दोहराने का लाभ कम्पनी को अवश्य मिले।

धारावाहिक विज्ञापन का एक रूप और है। 'सैमसंग गुरु' के विज्ञापन पर ध्यान दें तो उसमें सन्देश एक ही है जब 'सैमसंग गुरु' लम्बी बैटरी वाला फोन आपके पास है तब दूरियों से घबराने की आवश्यकता नहीं। इस विज्ञापन में आमिर खाँ उस युवक का पात्र निभा रहे हैं जिसे नौकरी के लिए दूर जाना पड़ा है, लेकिन 'सैमसंग गुरु' के माध्यम से वे अपने परिवार से जुड़े रह पाते हैं। एक विज्ञापन में उन्हें माँ से बात करते दिखाया गया है, दूसरे में प्रेमिका से। दोनों विज्ञापन एक-दूसरे के पूरक हैं। दोनों में स्थिति अलग भले ही है, लेकिन मूल सन्देश एक ही है। धारावाहिक के रूप में चलने से उसमें दर्शक की उत्सुकता बनी रहती है जिससे सीधे ध्यान आकर्षित करना सरल हो जाता है। साथ ही बार-बार विज्ञापन आने पर भी एकरसता नहीं होती।

कहानी आधारित विज्ञापन—किसी भी विज्ञापन का उद्देश्य कहानी सुनाना नहीं है, फिर भी ऐसे विज्ञापन बहुत लोकप्रिय हैं जिनमें किसी तरह की कहानी रहती है। टेलीविज़न देखने वाले अधिकांश दर्शक मनोरंजन के लिए टी.वी. देखते हैं। कार्यक्रमों के बीच आने वाले विज्ञापन उन्हें बाधक लगते हैं। ऐसे समय पर वे अक्सर उठकर इधर-उधर चल देते हैं। उससे विज्ञापन देने का उद्देश्य ही नष्ट हो जाता है। इस स्थिति के प्रत्युत्तर में ऐसे विज्ञापन बनाने की कोशिश की जाती है जो मनोरंजक भी हों और दर्शकों को बाँधे रख सकें। ऐसा करने के उद्देश्य से 30 सेकेंड के विज्ञापन के लिए एक छोटी-सी कहानी गढ़ ली जाती है। उस क्रहानी की स्थितियाँ जीवन के निकट होती हैं। उसके पात्रों में उपभोक्ता अपना प्रतिबिंब देख सकते हैं। उत्पाद की विशेषताएँ और लाभ उस कहानी में ही बुन जाते हैं। उन्हें अलग से कहने की आवश्यकता नहीं रहती, वे उस कथा में व्यंजित हो जाते हैं।

इंश्योरेंस कम्पनियों के अधिकांश विज्ञापन ऐसी ही कहानियों द्वारा दर्शक के मन को छूते हैं। उनकी मुख्य दलील यही है कि इंश्योरेंस आपको जीवन में दुर्घटनाओं का सामना करने के लिए तैयार करता है। यह आपके आत्मसम्मान की रक्षा के लिए है। यह भविष्य में आपके सपने पूरे करने के लिए भी है। इस तरह ये विज्ञापन जीवन की स्थिति दिखाकर उसमें उठने वाली समस्याओं को प्रस्तुत

करते हैं और फिर समाधान के रूप में अपनी कम्पनी के उत्पाद या सेवाओं को प्रस्तावित करते हैं। यह जीवन की बड़ी समस्याओं से लेकर छोटी-छोटी बातों तक हो सकता है जैसे गर्मी के मौसम में अचानक घर में मेहमान आ जायें तो जल्दी से बर्फ़ जमा देने वाला फ्रिज़ कौन-सा है? यह स्थिति किसी भी घर की हो सकती है। दर्शक झट इससे स्वयं को जोड़ पायेगा और जो समाधन प्रस्तावित किया गया है, उसे खरीदने को प्रेरित होगा।

कहानीनुमा विज्ञापनों में बहुत बार मनोरंजन अपील को केन्द्र में रखा जाता है। पिछले कुछ वर्षों में इसका प्रयोग बढ़ा है। बहुत से विज्ञापनकर्ता यह महसूस करते हैं कि मनोरंजक अपील डालने से विज्ञापन की रोचकता बढ़ जाती है। सामान्य दर्शकों में वह चर्चा का केन्द्र बन जाता है। बच्चे उसे हर जगह दोहराते फिरते हैं। विज्ञापन की इस लोकप्रियता का कम्पनी और ब्रांड को पूरा लाभ मिले इसके लिए सचेत रहना पड़ता है। अक्सर ऐसे विज्ञापनों में 'कहानी का ट्विस्ट' तो याद रहता है, लेकिन ब्रांड का नाम या उत्पाद लोग भूल जाते हैं। यह कोशिश रहनी चाहिए कि ब्रांड का उल्लेख विज्ञापन में दो-तीन बार हो या फिर उत्पाद के लाभ या विशेषताएँ उस अपील में पूरी तरह गुँथ जायें।

उत्पाद केन्द्रित विज्ञापन—विज्ञापन का असली हीरो कौन है? निश्चित रूप से विज्ञापन जिस विषय पर है, वह उत्पाद या सेवा ही उसके हीरो-हीरोइन हैं। टेलीविज़न में उत्पाद भी प्रस्तुत होता है और उसे प्रस्तुत करने वाले कलाकार और कभी-कभी बड़ी-बड़ी हस्तियाँ भी। ऐसे समय में यह सावधानी जरूरी है कि फोकस प्रस्तुतकर्ता या सितारों पर इतना न हो जाये कि उत्पाद ही पीछे छूट जाये। हुंडई 'i 10' के लिए शाहरुख जब विज्ञापन करते हैं तब विज्ञापन शाहरुख सही भांव लाने के लिए हीरोइन का हाथ पकड़कर जो बातें कहते हैं वह उस लड़की के लिए नहीं 'i 10' गाड़ी के लिए हैं तो विज्ञापन के अन्त में सबसे बड़ा सेलिब्रिटी स्टेटस गाड़ी का हो जाता है। अपने उत्पाद को इस प्रमुखता से स्थापित करना विज्ञापन का काम है।

टेलीविज़न में उत्पाद को दिखाने की सुविधा होती है। इसका भरपूर लाभ उठाते हुए उत्पाद का निर्देशन किया जा सकता है। खासतौर पर नये-नये इलेक्ट्रॉनिक उपकरणों की सुविधाओं को साक्षात टी.वी. पर दिखा कर उपभोक्ताओं को विश्वास दिलाया जा सकता है। अमुक फ्रिज से बिना दरवाज़ा खोले पानी लिया जा सकता है, यह इंटेलिजेंट ए.सी. है आपके जाते ही अपने आप बंद हो जायेगा, यह वॉशिंग मशीन इतने साफ़ कपड़े धोती है। आप टी.वी. देखते हुए कपड़े धो सकते हैं। माइक्रोवेव आपके लिए झट खाना पका देता है। यह 'टू मिनट

नूडल्स' हैं जिन्हें आप अपने बच्चों के लिए किचन में जाते ही इस तरह झटपट तैयार कर सकती हैं। इस तरह विज्ञापन इन सब सुविधाओं की बात ही नहीं करता नहीं करता, उन्हें आपके सामने स्क्रीन पर प्रस्तुत करता है। उसे उस रूप में होते हुए देखकर उसे खरीदने में उपभोक्ता की रुचि तो जागती ही है, उसे यह विश्वास भी होता है कि जैसा स्क्रीन पर दिख रहा है, उत्पाद वैसा ही होगा।

उपभोक्ता साक्षात्कार—टेलीविज़न पर उत्पाद को स्थापित करने का एक जरिया यह भी है कि सन्तुष्ट उपभोक्ताओं से मिलवाया जाये। वे उसके लाभ की बात अपने अनुभव से बताएँ। उससे उत्पाद से मिलने वाले लाभ और विशेषताओं का उल्लेख भी हो जायेगा और चूँकि उसे बताने वाला कोई कम्पनी प्रवक्ता न होकर हम-आप जैसा एक साधारण उपभोक्ता ही होगा तब उस उत्पाद के प्रति आश्वस्ति का भाव बनेगा। 'डव' साबुन के विज्ञापन इस नीति का इस्तेमाल वर्षों से करते रहे हैं। डव त्वचा को कोमल बनाए रखने का दावा करता है जिससे चेहरे पर रौनक आ जायेगी। इसमें साबुन से अधिक क्रीम है जो त्वचा का पोषण करती है। यह बात किसी फिल्मी सितारे से न कहलाकर जब एक उपभोक्ता द्वारा कही जाती है तो उसकी विश्वसनीयता बढ़ जाती है।

इसी कोटि में एक विज्ञापन 'हारपिक चैलेंज' का भी है जहाँ घर-घर जाकर उपभोक्ताओं से उनके टॉयलेट की सफाई के बारे में पूछा जाता है और फिर उसे हारपिक का चैलेंज दिया जाता है। हारपिक से टॉयलेट साफ़ करके उसकी जगमग सफाई को उपभोक्ता के सम्मुख प्रतिष्ठित किया जाता है और अन्त में सन्तुष्ट उपभोक्ता अपनी टिप्पणी करता है कि कैसे उसने सोचा ही न था कि यह उत्पाद ऐसी सफाई दे सकता है।

इस तरह के उपभोक्ता साक्षात्कार उन विज्ञापनों में विशष रूप से कारगर रहते हैं तो उत्पाद व्यक्तिगत इस्तेमाल के हों या फिर जिनका सम्बन्ध घरेलू इस्तेमाल की साधारण चीज़ों से हो।

तुलनात्मक विज्ञापन—पेप्सी या कोका कोला, पीज़ा हट या डोमिना, रिन या निरमा आदि अनेक ऐसे उदाहरण हैं जो टेलीविज़न पर कम्पनियों की आपसी प्रतिस्पर्धा को और तेज़ करते हैं। ये विज्ञापन प्रतिस्पर्धी ब्रांड की तुलना में अपने ब्रांड की श्रेष्ठता प्रमाणित करने में लगे रहते हैं, लेकिन विज्ञापन जगत के अखाड़े में ही लड़ाई इतनी तीव्र हो जाती है कि उसे परस्पर युद्ध की संज्ञा दी जाने लगती है। (Cola Wars की चर्चा विश्वभर में रही है) ऐसे विज्ञापन एक-दूसरे की मार्केटिंग रणनीति पर आघात करते हैं और विज्ञापन कॉपी एक-दूसरे के प्रत्युत्तर में लिखी जाती है जैसे—जब कोका कोला क्रिकेट विश्व कप का 'ऑफिशियल

ब्रांड' घोषित किया गया तो पेप्सी ने अपने विज्ञापन में कहा—'nothing official about it' एक-दूसरे को यूँ तो आड़े हाथों लेना यद्यपि कम्पनी या उत्पाद के लिए कोई अतिरिक्त मूल्य अर्जित नहीं करता, लेकिन हाँ उपभोक्ता की स्मृति में दूसरे की प्रतिछवि ध्वस्त कर स्वयं को प्रतिष्ठित करने की कोशिश रहती है।

कुछ तुलनात्मक विज्ञापन अपने उत्पाद में किसी एक ऐसी विशेषता को रेखांकित कर देते हैं जो अन्य ब्रांड से उसे अलग सिद्ध करती है। टेलीविज़न में इस तुलना को आसानी से दिखाया जा सकता है।

इन सब विज्ञापनों के अलावा टेलीविज़न माध्यम की अपनी विशेषताओं के आधार पर भी उसके लिए कुछ विशिष्ट विज्ञापनों का निर्माण होता है। इनकी विशिष्टता प्रस्तुति में खासतौर पर झलकती है।

बिंबधर्मी विज्ञापन—टेलीविज़न दृश्य माध्यम है। दृश्यों-बिंबों को खूबसूरती से कैमरे की आँख द्वारा पकड़ पाना इस माध्यम की सबसे बड़ी क्षमता है। जो विज्ञापन ऐसे दृश्यों को प्रस्तुत करते हैं, वे भी हमारा मन मोह लेते हैं। हमारे जीवन के बहुत-से ऐसे पहलू हैं जिन्हें शब्दों द्वारा अभिव्यक्त नहीं किया जा सकता, लेकिन उन क्षणों को कैमरे में कैद किया जा सकता है। ऐसे विज्ञापन दृश्यों में कविता रचने की तरह हैं। इसमें तकनीकी विशेषज्ञता की खास आवश्यकता रहती है। पर्यटन के विज्ञापन इसी श्रेणी में आते हैं।

संगीतात्मक विज्ञापन—रेडियो पर जो काम जिंगल्स करते हैं, उन्हीं की दृश्यात्मक प्रस्तुति टेलीविज़न पर भी होती है। डेरी मिल्क चॉकलेट का प्रसिद्ध विज्ञापन था जिसमें एक लड़की क्रिकेट के मैदान पर नाचती-झूमती हुई गुजरती है। यह दृश्य जिस खुशी को अभिव्यक्त करता है वह तो स्वयं में अनूठा है ही, संगीत की दृष्टि से भी यह अद्वितीय विज्ञापन रहा।

एनीमेशन विज्ञापन—एनीमेशन सम्भवतः अति आधुनिक तकनीक है। कम्प्यूटर उद्योग की तरक्की के साथ-साथ जो नये प्रयोग हो रहे हैं उनमें एनीमेशन का बहुत अधिक विकास हुआ है। यूँ तो एनीमेशन से विज्ञापन जगत की पुरानी पहचान है। 'अमूल मक्खन' का विज्ञापन बरसों पहले बना था। उसका मुख्य पात्र कोई व्यक्ति या फिल्म अभिनेता नहीं थे। सिर पर रिबन बाँधे, गोल-मटोल छोटी-सी लड़की का कार्टून अमूल मक्खन की पहचान बना। उसके प्रस्तुतकर्ताओं का कहना था कि एक ही अभिनेता को अलग-अलग विज्ञापनों में देखते हुए उपभोक्ता को उलझन हो सकती है। हो सकता है कि वह उस अभिनेता के साथ ब्रांड विशेष को न जोड़ पाए, लेकिन यह पात्र हमेशा के लिए किसी एक ब्रांड से जुड़ जाते हैं। अमूल मक्खन की यह गुड़िया तो है ही, ओनिडा का दानव और वोडाफोन

के जू-जू भी इसी कोटि के चरित्र हैं। यद्यपि उन्हें पूरी तरह एनीमेशन चरित्र नहीं कहा जा सकता क्योंकि उनके हाव-भाव और चाल को पकड़ने के लिए जीवित पात्रों को वैसे कॉस्ट्यूम पहनाये गये। दूरदर्शन पर 'एक चिड़िया अनेक चिड़िया' वाला राष्ट्रीय एकता का विज्ञापन एनीमेशन का बेहतरीन उदाहरण है।

एनीमेशन का प्रचलन बढ़ता जा रहा है क्योंकि यह चित्रों की गत्यात्मक प्रस्तुति है। इसके निर्माण में तकनीक सिद्धहस्तता तो अनिवार्य है, लेकिन यह कम खर्चीला विकल्प हो सकता है। किसी भी माध्यम में विज्ञापन का कोई भी वर्गीकरण अन्तिम नहीं है। निश्चित तौर पर टेलीविज़न विज्ञापन के ये विभिन्न रूप भी इससे कहीं अधिक हो सकते हैं। बहुत-से विज्ञापनों में इन सबका मिला-जुला रूप भी मिलता है। संगीत और नाटकीयता एक साथ भी हो सकते हैं। कभी कहानी और मनोरंजन के बीच कम्पनी प्रवक्ता आकर अपनी बात कह सकता है। कभी एनीमेशन और जीवन्त पात्रों को एक साथ रखकर विज्ञापन बनाए जाते हैं। हर विज्ञापन इस गतिशील माध्यम को अपनी दृष्टि से खोजने का एक प्रयत्न है और यही इसके सम्भावनाशील होने का प्रमाण है।

टेलीविज़न विज्ञापन निर्माण के विभिन्न चरण

- टेलीविज़न विज्ञापन निर्माण का पहला चरण आलेख तैयार करना है जिसमें कैमरा, ध्वनि, प्रकाश सम्बन्धी सभी निर्देश दिये गये हों। इस कॉपी में जो कुछ कथित है और जो कुछ संकेतित है उन सबका ब्योरा दिया जाना चाहिए।
- तैयार की गयी कॉपी के आधार पर विजयुलाइजर और क्रिएटिव डायरेक्टर मिलकर स्टोरीबोर्ड बनाते हैं। स्टोरीबोर्ड पर क्लाइंट की स्वीकृति ली जाती है और आगे का काम शुरू होता है।
- फिल्म शूट करने से पहले बहुत-से छोटे-बड़े काम करने होते हैं जिनमें सर्वप्रमुख है बजट बनाना। जिस स्टोरीबोर्ड को क्लाइंट तथा रचनात्मक निदेशकों की स्वीकृति मिली है, उसके निर्माण में कितना खर्च होगा। छोटी-छोटी तफसील में जाकर खर्च का अनुमान करना चाहिए और सही बजट बनने के बाद ही विज्ञापन निर्माण का कार्य शुरू होना चाहिए।
- फिल्म निर्माता और निर्देशक की पहली जिम्मेदारी है कलाकारों का चयन, उनके कॉस्ट्यूम, सेट डिज़ाइन आदि की तैयारी। सही स्टूडियो या सही जगह भी तय करनी होती है जहाँ फिल्म शूट की जायेगी।
- निर्माण से पहले होने वाले कार्य में यह भी जरूरी है कि हर एक काम

की जिम्मेदारी एक निश्चित व्यक्ति को दे दी जाये। पूरे निर्माण कार्य का एक टाइम-टेबल हो क्योंकि जितना कम समय लगेगा निर्माण में खर्च भी उतना ही किफायत से होगा।

- शूटिंग शुरू करने से पहले ही सेट लगाकर प्रकाश व्यवस्था कर ली जाती है। जब यह तकनीकी पहलू तैयार हो जाते हैं उसके बाद फिल्मांकन किया जाता है।
- सभी कलाकारों के साथ उचित पृष्ठभूमि में, सही कैमरा एंगल, सही प्रकाश व्यवस्था, उचित साज-सज्जा के साथ शूटिंग की प्रक्रिया पूरी की जाती है। कई बार एक ही दृश्य को अनेक कोणों से फिल्माया जाता है जिससे सबसे बेहतरीन चुनकर अन्तिम फिल्म में जोड़ा जा सके।
- फिल्मांकन की प्रक्रिया में निर्माता, निर्देशक, कैमरामैन, कॉपी लेखक सब भागीदारी करते हैं क्योंकि सबसे आवश्यक है कि जिस संकल्पना को ध्यान में रखकर विज्ञापन लिखा गया है या जिस रूप को स्वीकृति मिली है उसे हू-बू-हू उसी तरह फिल्माया जाये। फिल्मांकन के दौरान कुछ और सुझाव आ सकते हैं। यदि वे विज्ञापन की प्रभावक्षमता बढ़ाने के लिए हैं तो उन्हें शामिल करने में कोई हर्ज़ नहीं है। इसीलिए पूरी टीम साथ रहती है जिससे निर्णय लिए जा सकें।
- फिल्मांकन के बाद का काम स्टूडियो में किया जाता है। बेहतरीन शॉट चुनकर क्रम से लगाए जाते हैं। फिल्म का अन्तिम प्रारूप बनने के बाद उसमें आवाज़ का समंजन होता है। संवाद, संगीत या वॉयस ओवर के अलावा तरह-तरह के ध्वनि प्रभाव जोड़कर उसे और अधिक प्रभावी बनाया जाता है। दृश्य और श्रव्य की दृष्टि से फिल्म में एकसूत्रता झलकनी चाहिए।
- बाद का सारा काम कुशल एडिटिंग और साउंड मिक्सिंग की श्रेष्ठता पर निर्भर करता है। बीच-बीच में कुछ शीर्षक, स्लोगन, कम्पनी लोगो आदि के आर्ट-इफेक्ट भी जोड़े जाते हैं। इन सबके संयोजन से ही अन्तिम प्रस्तुति तैयार होती है।
- उक्त सारी प्रक्रिया में सबसे बड़ी जिम्मेदारी निर्माता और निर्देशक की होती है। निर्देशक कलात्मक एवं तकनीकी दृष्टि से विज्ञापन फिल्म निर्माण के सभी पहलुओं से जुड़ा होता है। निर्माता का काम सब साजो-सामान की उचित व्यवस्था करते हैं। अलग-अलग विभागों के काम के बीच 'सन्तुलन संयोजन' करना होता है। वह खर्चे और समय

सीमा पर भी नियन्त्रण रखता है तथा सबसे महत्त्वपूर्ण क्लाइंट से समय-समय पर सलाह-मशवरा कर उसे पूरी प्रक्रिया से जोड़े रखता है। टेलीविज़न विज्ञापन के निर्माता-निर्देशक विज्ञापन एजेंसी के लोग भी हो सकते हैं और बहुत बार बाहर से भी किसी फिल्म निर्माण कम्पनी को नियुक्त किया जा सकता है।

विज्ञापन की भाषा

विज्ञापन और भाषा का दिलचस्प रिश्ता है। उसकी भाषा में ऐसा लचीलापन है कि गतिशीलता और सम्भावना की अनचीन्ही परतें दिखाई पड़ती हैं। विज्ञापन-भाषा अपने निश्चित सीमांतों को तोड़कर नित नये मुहावरों में ढलती है। जैसे कवि अपनी कविता में शब्द की अनेक अर्थ-व्यंजनाएँ निर्मित करता है वैसे ही विज्ञापन भी अपने मूल सन्देश को सपनों का जामा पहनाकर शब्दों की गलियों से हम तक पहुँचता है। यह भाषा केवल शब्दों की अर्थ-क्रिया से ही नहीं बँधी, यह मीडिया की विशिष्ट प्रकृति से भी जुड़ी है। मीडिया में अर्थ-ग्रहण केवल शब्द के आधार पर नहीं होता। माध्यम की प्रकृति के अनुसार अर्थ–सम्प्रेषण का आधार-शब्द, ध्वनि, संगीत, चित्र या दृश्य कुछ भी हो सकता है।

चिह्नशास्त्रीय दृष्टि से भाषा की अर्थ-सम्प्रेषण प्रक्रिया प्रतीकी चिह्नों पर निर्भर है। हर शब्द का निश्चित संकेतित अर्थ है जो विभिन्न प्रतीकों द्वारा अभिव्यक्त होता है। यह प्रतीक ही अर्थ का विनिमय करते हैं। यही सम्प्रेषण का आधार हैं। विज्ञापन की भाषा अक्सर इन प्रतीकों से छेड़छाड़ करती है। जूडिथ विलियमसन ने अपने लेख 'मीनिंग एंड आयडियोलोजी' में विज्ञापन भाषा की अर्थ-सम्प्रेषण प्रक्रिया पर विस्तार से विचार किया। उनके अनुसार विज्ञापन की भाषा अर्थ का एक नया स्तर निर्मित करती है जो स्थापित अर्थ से भिन्न होता है। वह उत्पाद की विशेषताओं को इस तरह शब्दों में बाँधती है कि हमारे लिए उनके कुछ खास मायने हो जाते हैं। विज्ञापन केवल वस्तु ही नहीं बेचता वह हमारे मन की आकांक्षाओं की पूर्ति करता है। वस्तु और हमारे मन के बीच जो विनिमय घटित होता है विज्ञापन की भाषा उसी 'स्पेस' में नये-नये अर्थ निर्मित करती है। जब विज्ञापन का स्लोगन कहता है... 'हीरा है सदा के लिए' तब यहाँ केवल हीरा बेचने की बात नहीं है। हीरा मात्र पत्थर का प्रतीक नहीं है। वह शाश्वत 'प्रेम' का प्रतीक है। विज्ञापन की पंक्ति स्थायी तौर पर हमारे मन में 'हीरे' को 'प्रेम' का प्रतीक बनकर स्थित कर देती है। इसी तरह

'जॉनसंस बेबी पाउडर' ममता का नया नाम बन जाता है और 'कोका कोला' ठण्डे का पर्याय हो जाता है।

आजकल स्कूल-कॉलेजों में बच्चों और युवाओं के बीच एक नया खेल लोकप्रिय हो रहा है जिसे 'एड-मैड' या 'नेम-गेम' के रूप में जाना जाता है। यह विज्ञापन के दीवानों का खेल है। इसमें एक वस्तु का नाम लिया जाता है और खेलने वाले खिलाड़ी उस वस्तु से जुड़े अनेक ब्रांडों का नाम ले देते हैं। जो ज्यादा ब्रांड याद कर पायेगा वह विजेता होगा। इस खेल का एक आशय यह भी है कि विज्ञापन, अर्थ-सम्प्रेषण की प्रक्रिया में किस चतुराई से एक वस्तु या उत्पाद को एक ब्रांड के नाम में रूपांतरित कर देता है। कॉलगेट आज केवल एक विशिष्ट ब्रांड नहीं है वह टूथपेस्ट का पर्याय बन गयी है।

शब्द की अर्थ-सम्प्रेषण की प्रक्रिया का मुख्य सोपान यही है कि शब्द का उच्चारण होते ही आपके मन में एक चित्र बनता है जो अर्थ संप्रेषित करता है। विज्ञापन की भाषा अपने उत्पाद या ब्रांड को कभी वस्तु के प्रतीक में बदलती है तो कभी उसका सम्बन्ध हमारी आकांक्षाओं, हमारे सपनों से जोड़ देती है। वह बड़ी चालाकी से अर्थ-सम्प्रेषण की प्रक्रिया को नियंत्रित करती है। इतना ही नहीं बहुत बार उस उत्पाद या ब्रांड का सम्बन्ध पूरी पीढ़ी या संस्कृति से भी जुड़ जाता है जैसे—'पेप्सी पीढ़ी' या 'कोका कोला कल्चर' इसी तरह के शब्द-युग्म हैं जो शब्दों के पार जाकर ही अर्थ-संप्रेषित करते हैं।

दरअसल, उपभोक्ता समाज किसी शून्य में नहीं जीता। उसके इर्द-गिर्द एक सामाजिक-सांस्कृतिक घेरा है जो उसके आचार-व्यवहार से लेकर उसकी आशा-आकांक्षाओं से जुड़ा हुआ है। यह संस्कृति का जनप्रिय रूप है जिसे 'पॉपुलर कल्चर' कहा जाता है। उपभोक्ता समाज और 'पॉपुलर कल्चर' के सम्बन्धों पर अगले खंड में बातचीत होगी, लेकिन भाषा के सन्दर्भ में यह समझना आवश्यक है कि विज्ञापन शब्दों और पंक्तियों की मार्फत जो अर्थ हम तक पहुँचाता है वे पॉपुलर संस्कृति के दायरों में ही निर्मित होते हैं। 'रिलायन्स कम्यूनिकेशंस' का विज्ञापन 'कर लो दुनिया मुट्ठी में' केवल संचार सेवा का विज्ञापन नहीं है, वह किन्हीं मायनों में यह अर्थ संप्रेषित करता है कि विश्व व्यवस्था के नये ढाँचे में युवा-आत्मविश्वास से भरा भारत दुनिया में एक नयी पहचान बनाने को बेकरार है। रिलायंस ने ब्रांड के तौर पर विस्मित करने वाली जिस सफलता की कहानी लिखी है, आज उसके नेटवर्क के साथ तुम भी अनहोनी को होनी बना सकते हो, दुनिया मुट्ठी में कर सकते हो। इस सबका सीधा अभिप्राय है कि विज्ञापन भाषा के साक्षात संकेतित अर्थ को बदलकर नया चिह्नशास्त्र गढ़ता है जिसका सम्बन्ध

उपभोक्ता के सपनों एवं सामाजिक-सांस्कृतिक आशयों से होता है। विज्ञापन केवल उत्पाद ही नहीं बेच रहा, बल्कि उपभोक्ता को उस उत्पाद से जोड़ता है जिसके सामाजिक अर्थ सन्दर्भ है और एक निश्चित सांस्कृतिक उपस्थिति।

मीडिया भाषा के सन्दर्भ में प्रो. सुधीश पचौरी इस स्थिति पर टिप्पणी करते हुए लिखते हैं—"मीडिया का काम मूलतः भाषा के 'प्रतीकों' या चिह्नों को विनिमित करना होता है। माध्यम के रूप के अनुसार यह विनिमय अपनी गति पकड़ता है।" वे आगे लिखते हैं—"इलेक्ट्रॉनिक मीडिया में इस्तेमाल होते हुए प्रतीक/भाषा के चिह्न अपने सन्दर्भों को अस्थिर करते चलते हैं।" इस सारे विश्लेषण से डॉ. पचौरी इस निष्कर्ष पर पहुँचते हैं कि मीडिया जिस आभासीय यथार्थ की प्रस्तुति कर रहा है उसमें कुछ भी स्थायी और स्थिर नहीं है। उसका कोई भी पाठ एकार्थी न होकर, बहुलार्थी होता है जिसे उन्होंने 'अर्थ का जनतंत्र' कहा है।

मीडिया के सन्दर्भ में कही गयी यह बातें विज्ञापन की भाषा पर भी लागू होती हैं। विज्ञापन में माध्यम की अभिव्यंजना यह गुंजाइश बनाती है कि आप अलग-अलग ढंग से उसके अर्थ को विखंडित एवं पुनर्संयोजित कर सकते हैं। इस सन्दर्भ में आइडिया कम्पनी के विज्ञापन उद्धरणीय हैं। इस कम्पनी के विज्ञापनों में हर बार किसी एक विचार को किसी अन्य सन्दर्भ में उजागर किया जाता है लेकिन है बार उसका अर्थ केवल वहीं तक सीमित नहीं होता, उसके अन्य आशय भी निकाले जा सकते हैं जो विज्ञापन के उद्देश्य के प्रतिकूल भी हो सकते हैं। कुछ समय पहले आइडिया के एक विज्ञापन में यह तजवीज़ पेश की गयी थी कि गाँव के सभी लोगों को एक नम्बर से पहचाना जा सकता है। नम्बर की पहचान जाति-आधारित पहचान को खारिज कर लोकतन्त्र की प्रस्तावना करती है। दूसरी ओर इसका एक निहितार्थ यह भी है कि एक व्यक्ति को एक नम्बर में सीमित कर देना क्या उससे उसकी पहचान छीनना नहीं है? उसकी अस्मिता केवल आँकड़े में नहीं बाँधी जा सकती। इस तरह विज्ञापन की भाषा विमर्श के लिए स्पेस बनाती है। यह हम पर है कि हम उन अर्थ-प्रतीकों का संयोजन-विखंडन किस रूप में करते हैं और पंक्तियों के बीच के अर्थ को किस तरह ग्रहण करते हैं।

यह सच है कि विज्ञापन ने भाषा की अनजान सम्भावनाओं को उजागर किया है, लेकिन साथ ही अपने मुनाफे के लिए उसके खुलेपन से खिलवाड़ भी किया है। निश्चित व्यावसायिक उद्देश्यों से बँधी होकर यह भाषा हर नियम से विचलन करती है, चाहे वह व्याकरण का हो या अर्थ सम्प्रेषण का। भाषा सम्प्रेषण तो बनती है, लेकिन अर्थवत्ता, मूल्यवत्ता खो बैठती है। केवल शब्दों का शोर बचा रह जाता है। अक्सर विज्ञापन के कुछ फिकरे या स्लोगन याद रह भी जायें

तो भी हम उस भाषा से जुड़ नहीं पाते। भाषा के प्रति भाषिक समाज का एक उत्तरादायित्व होता है। उससे बाहर जाकर जब हम भाषा का मनमाना प्रयोग करने लगते हैं तो उससे भाषा की स्वतन्त्र अस्मिता खंडित होती है। विज्ञापन की भाषा भाषाओं के साथ इसी तरह का व्यवहार करती है। विज्ञापन भाषा को तीखा, आक्रामक चमकीला रूप तो देता है, लेकिन कहीं उसकी संवेदनशीलता को खत्म भी करता है। साहित्यकारों, दार्शनिकों, समाजशास्त्रियों—सबने विज्ञापन जगत द्वारा भाषा की इस छेड़छाड़ के प्रति चिन्ता जताई है।

हिन्दी भाषा के प्रसिद्ध साहित्यकार उदयप्रकाश ने विज्ञापन और भाषा के इस तनावपूर्ण सम्बन्ध पर टिप्पणी करते हुए यह स्वीकार किया कि विज्ञापन ने भाषा को नये रूप से पुनर्संयोजित किया हैं, उसे नये अवसर दिये हैं, लेकिन साथ ही वह जिस तरह की भाषागत तानाशाही खड़ी करता है वह मानवीय अनुभव के विलोम में है, इसकी पहचान करना भी आवश्यक है। कोका-कोला के विज्ञापन का उदाहरण देते हुए उन्होंने अपनी बात स्पष्ट की—'ठण्डा मतलब कोका कोला' प्रसून जोशी की बनायी हुई पंक्ति है यह, जिसे आमिर खान बोलता है। उसमें एक ब्रांड के लिए एक सॉफ्ट ड्रिंक के ब्रांड के लिए पूरे मानवीय अनुभव को, आस्वाद को विसर्जित कर दिया गया है। ठण्डा का मतलब सिर्फ कोका-कोला है। इस तरह का आरबिटरेरीनेस, इस तरह की तानाशाही बाज़ार की भी, ब्रांड की भी यह कॉरपोरेट एडवरटाइजमेंट करता है। ...और साहित्य, सृजनात्मक कलाएँ इस तरह की तानाशाही के विरुद्ध हमेशा संघर्ष करती हैं। वे बाज़ार के वर्चस्व को तोड़ती हैं। बार-बार बचाती हैं भाषा को, मनुष्य के मूल अनुभव को बचाती हैं। 'एक साहित्यकार के लिए भाषा का दर्जा साहित्य की मूल चेतना में निहित है। इसलिए वहाँ भाषा के सरोकार गहरे हैं। उसके तार मानवीय प्रतिबद्धता से जुड़े हैं, जबकि विज्ञापन में यह स्थिति ठीक इसके उलट है। वहाँ प्रतिबद्धता और सरोकार मुनाफे पर टिके हैं।

साहित्यिक भाषा और विज्ञापन की भाषा में अन्तर को और स्पष्ट करने के लिए एक उदाहरण से बात समझी जा सकती है। 'रिन' साबुन का मशहूर विज्ञापन था 'भला, उसकी कमीज़ मेरी कमीज़ से सफ़ेद कैसे'—यह विज्ञापन कमीज़ की सफ़ेदी को तुलनात्मक स्तर पर इस्तेमाल करता है और यह प्रतिष्ठित करता है कि यदि आपको सर्वोत्तम सफ़ेदी चाहिए तो वह केवल 'रिन सफ़ेदी' ही हो सकती है। इसमें यह प्रतिक्रिया भी सन्निहित है कि तुरंत जाकर रिन खरीदिए और वह सफ़ेदी पाइए जिस पर और लोग रश्क कर सकें। इस तरह इस विज्ञापन में एक पंक्ति बहुत-से आशयों को एक-साथ ध्वनित करती है। कम शब्दों में

अधिक कह पाने की सामर्थ्य से लैस यह विज्ञापन भाषा की अद्‌भुत ताकत का नमूना है। इसमें विज्ञापन की भाषा के सभी अनिवार्य गुण जैसे कि ध्यान आकृष्ट करना, स्मृति में बने रहना तथा प्रभावशाली ढंग से उपभोक्ता के मन में खरीदने की चाह जगाने तक का काम यह पंक्ति सुचारु रूप से करती है, परन्तु यही इसकी सीमा भी है। साहित्य में इन्हीं शब्दों को जब मानवीय सरोकार रो जोड़ दिया जाता है तब उनकी धार और व्याप्ति का संसार ही अलग हो जाता है।

विज्ञापन की भाषा का अपना विशिष्ट स्वरूप होता है जो साहित्यिक भाषा से भिन्न होता है, मीडिया या माध्यम पर आश्रित होता है। इस भाषा में व्याकरण एवं अर्थ की दृष्टि से विचलन होता है। यहाँ सम्प्रेषण ही प्रधान है और उसके लिए ही तरह-तरह से भाषा का विखंडन एवं पुनःसंयोजन होता है जो भाषा के नये मुहावरे निर्मित करते हुए उसे अर्थ की बहुलता, अनेकस्तरीयता प्रदान करता है।

विज्ञापन के अध्येता के लिए भाषा के इस विशिष्ट स्वरूप को समझने के साथ-साथ यह भी जरूरी है कि वह यह समंझे कि विज्ञापन की भाषा में कौन-कौन से गुण होने चाहिए और उन्हें भाषा में किन उपकरणों द्वारा उत्पन्न किया जा सकता है।

विज्ञापन भाषा के गुण

विज्ञापन की भाषा संवाद एवं सम्प्रेषण के अतिरिक्त भी कार्य करती है। यहाँ सम्प्रेषण की प्रक्रिया सम्प्रेषण से अधिक मनोवैज्ञानिक प्रक्रिया है जहाँ शब्दों का संचरण उपभोक्ता के मन-मस्तिष्क पर छा जाने के लिए होता है। शब्द हों या वाक्य इस भाषा का पूरा बल उनके प्रभाव पर है और इस विशिष्ट प्रभाव को निर्मित करने के लिए विज्ञापन की भाषा में कुछ गुणों का होना अनिवार्य है।

1. **रचनात्मकता**–किसी भी भाषा की सिद्धि उसकी रचनात्मकता में ही निहित है। भाषा का सृजनात्मक स्वरूप ही उसे गतिशील बनायें रखता है। विज्ञापन की भाषा में यह रचनात्मकता अलग-अलग रूप ग्रहण करती है। कभी उसे काव्यात्मक बनाया जाता है तो कभी नाटकीय। कोशिश यह रहती है कि जो भी कहा जाये उसकी प्रस्तुति ऐसी हो कि लगे ऐसा पहले कभी नहीं सुना। इस भाषा का तालमेल चित्रों, दृश्यों, बिंबों, संगीत आदि से भी करना पड़ता है। विज्ञापन के कॉपी लेखक के लिए यह एक बड़ी चुनौती है। अतः विज्ञापन भाषा की रचनात्मकता किसी भी प्रकार साहित्यिक रचनात्मकता से कम नहीं आँकी जा सकती, बल्कि कभी-कभी तो विज्ञापन लेखक स्वतन्त्र, स्वायत्त लेखन से अधिक जटिल बन जाता है। विज्ञापन 'माँग पर किये गये लेखन' (writing on demand) का उदाहरण है। यह लेखन अपनी इच्छा पर निर्भर या अपनी तुष्टि के लिए नहीं होता। यह लेखन व्यावसायिक उद्देश्यों से बँधा है। विभिन्न गवेषणानाएँ पहले ही उसकी सीमाएँ सुनिश्चित कर देती हैं। इन माँगों, इन दबावों के बीच भी विज्ञापन की भाषा को अपनी सृजनात्मकता को जीवित रखना पड़ता है। कल्पना की उड़ान ही उसे निर्जीव, उबाऊ या रसहीन होने से बचाती है। यही कल्पना, कलात्मकता विज्ञापन की भाषिक रचनात्मकता का प्रथम सोपान है।
2. **ध्यानाकर्षण क्षमता**–अधिकांश मीडियाकारों ने ध्यान-आकर्षित करने की क्षमता को विज्ञापन की कसौटी माना है। विज्ञापन में कुछ ऐसा होना

चाहिए कि वह आपकी जड़ता तोड़कर आपको झकझोर दे। आपका ध्यान बरबस अपनी ओर खींच ले। इसके लिए जहाँ विज्ञापन अलग-अलग अपील अपनाते हैं वहीं भाषा की भी सक्रिय भूमिका होती है। वास्तव में भाषा ही कभी काव्यात्मक तुकबंदी में, कभी व्यंग्यात्मक टोन में, कभी शब्दों के कुशल-संयोजन से ध्यान आकर्षित करने का कार्य करती है। इसी तरह 'सेल', 'भारी डिस्काउंट', 'छूट, 'धमाका' आदि शब्दों का इस्तेमाल उपभोक्ताओं को आकर्षित करने के लिए ही किया जाता है। दोमिनोज़ पिज़ा की मुख्य पंक्ति 'Hungry Kya' ध्यान आकर्षित करने के लिए दो भाषाओं को मिलाकर एक नया फिकरा गढ़ने की तकनीक का उदाहरण है। कभी-कभी किसी भी प्रचलित शब्द को विज्ञापन एक नया सन्दर्भ देकर नये रूप में प्रस्तुत कर देता है और वह सहज ही आकर्षक बन जाता है। पेप्सी के विज्ञापन 'ये है Youngistan मेरी जान...' में यंगिस्तान ऐसा ही शब्द है जो हिन्दुस्तान के लाखों युवा दिलों की धड़कन बन गया है।

3. **स्मरणीयता–** तन्दरुस्ती की रक्षा करता है लाइफबॉय,
लाइफबॉय है जहाँ तन्दरुस्ती है वहाँ

जमाना बदल गया और लाइफबॉय साबुन की विज्ञापन अपील भी बदल गयी, लेकिन जिन्होंने भी ये पंक्तियाँ सुनी हैं, वे आज तक उसे भूल नहीं पाए। विज्ञापन की भाषा ऐसी ही होनी चाहिए कर्णप्रिय और पठनीय–सुनने में अच्छी लगे और पढ़ान में एक रोमांच पैदा करे जिससे कि वे शब्द हमारी स्मृति का हिस्सा बन जायें। अक्सर बच्चों की भाषा में विज्ञापन के बहुत-से टुकड़े समाए रहते हैं। जब वे कहते हैं कि उन्हें 'मैगी ही चाहिए' या फिर 'बड़ी प्यास लगी है' तो बड़ी प्यास पेप्सी के 'ये प्यास है बड़ी' विज्ञापन के स्लोगन से अनजाने ही उनकी भाषा में चला आता है। ऐसा माना जाता है कि शब्दों का सम्बन्ध विज्ञापन से है और विज्ञापन का उत्पाद से तो यदि विज्ञापन उपभोक्ता की स्मृति में दर्ज हो जाये तो उत्पाद भी अवश्य ही उसे याद रहेगा। इस उद्देश्य को ध्यान में रखकर ही विज्ञापनकर्ता ऐसी भाषा प्रयुक्त करते हैं जो तत्काल याद हो जाये।

विज्ञापन की स्मरणीयता के लिए भाषा के अनेक उपकरणों को साधना पड़ता है जिनमें सबसे प्रमुख है–काव्यात्मकता। सुर-संगीत से सजे कविता में ढले शब्द सबसे जल्दी याद हो जाते हैं। ऐसे बहुत से विज्ञापन हैं जो समय के लम्बे अन्तराल के बाद भी अपनी भाषागत स्मरणीयता के कारण जीवित हैं–

निरमा, वॉशिंग पाउडर निरमा
निरमा, वॉशिंग पाउडर निरमा
दूध-सी सफ़ेदी
निरमा से आये
रंगीन कपड़ा भी खिल-खिल जाये
सबकी पसन्द निरमा
वॉशिंग पाउडर निरमा

विज्ञापनों में विशेषतः टैगलाइन या सूत्रवाक्य तो निश्चित रूप से ऐसी भाषा में लिखे जाते हैं जो लम्बे समय तक उत्पाद की पहचान बने रहते हैं जैसे– 'ठण्डा मतलब कोका कोला,' 'कुछ मीठा हो जाये' (डेरी मिल्क चॉकलेट)।

4. **सरलता-बोधगम्यता'**–'स्पराइट' का विज्ञापन है–'सीधी बात No बकवास'– यह पंक्ति तमाम विज्ञापनों की भाषा के लिए सही है। विज्ञापन की भाषा सरल, संक्षिप्त और बोधगम्य होनी चाहिए। बात को सीधे-सीधे इस रूप में कहा जाये कि सुनने या पढ़ने वाले की समझ में आसानी से आ जाये। प्रिंट और इलेक्ट्रॉनिक सभी माध्यमों में अधिक विस्तार का अवकाश नहीं होता। कहीं स्थान की सीमा होती है तो कहीं समय की। इसलिए जो भी बात कहानी हो उसे कम-से-कम शब्दों में रखा जाना चाहिए। यह आवश्यक है कि विज्ञापन की भाषा में कसावट हो, वाक्य छोटे, चुस्त और सटीक हों। उनमें गति और रवानगी हो जिससे कि तुरंत समझ में आ जायें। इसी दृष्टि से विज्ञापन में केवल एक विशेषता पर ही फोकस किया जाता है। उसी को यदि ठीक से संप्रेषित कर दिया तो विज्ञापन अपने प्रयत्न में सार्थक होगा।

विज्ञापन की भाषागत सरलता का अभिप्राय यह कतई नहीं है कि इस भाषा में लाक्षणिकता या व्यंजनात्मकता नहीं होती। सच्चाई तो यह है कि विज्ञापन की भाषा आसान से दिखने वाले शब्दों में असंख्य अर्थ-व्यंजनाएँ भर देती है, लेकिन उसकी शक्ति इस बात में है कि व्यंजित निहितार्थ आसानी से पकड़ में आ जाये। कभी-कभी तो ऐसे भी विज्ञापन होते हैं, जो नकारात्मक शब्दों में सकारात्मक सन्देश प्रस्तुत कर देते हैं। उनसे ध्यान भी आकर्षित होता है और अभिव्यक्ति को भी विस्तार मिलता है।

ओनिडा टी. वी. का विज्ञापन 'आपकी शान पड़ोसी की जले जान' या फिर सर्फ एक्सल का 'दाग अच्छे हैं' बहुत लोकप्रिय हुए। यह नकारात्मक टोन में सकारात्मक प्रभाव रचते हैं, लेकिन इनका महत्त्व मुख्यतः इसलिए है कि दोनों में ही व्यंजना पकड़ना कोई टेढ़ी खीर नहीं है। यही इस भाषा की सार्थकता है कि

आम बोलचाल की भाषा हो, पर सीधे-सादे शब्दों में वह सामान्य अर्थ से कुछ अधिक कहती हो और उसके सन्देश को समझने में, उसे डिकोड करने में किसी तरह की कठिनाई न हो।

5. **नियम निर्बंधता**–व्याकरण विचलन-विज्ञापन भाषा के इस गुण को हम कोई भी नाम दें इसका अभिप्राय यह है कि भाषा के स्थापित ढाँचे यहाँ कारगार नहीं होते। भाषा को उनसे मुक्त करना पड़ता है। यहाँ भाषा की शुद्धता का कोई आग्रह नहीं होता। भाषा के खुलेपन के कारण ही यहाँ भाषा में भाषाओं का मिश्रण हो जाता है और शब्दों की परस्पर आवाजाही चलती रहती है। हिन्दी में बात करते-करते अंग्रेज़ी के शब्द चले आते हैं– 'ठण्डा-ठण्डा Cool-Cool' (नवरत्न तेल) इसी तरह व्याकरण के बंधन भी विज्ञापन की भाषा को बाँध नहीं सकते। विज्ञापन के जितने भी सूत्रवाक्य हैं अधिकांशतः क्रियाविहीन वाक्य हैं–मिर्ची सुनने वाले always खुश (रेडियो मिर्ची) कभी-कभी नयी क्रियाएँ गढ़ ली जाती हैं–क्या आप क्लोज अप करते हैं (क्लोज अप टूथपेस्ट) यहाँ क्लोज अप टूथपेस्ट ही ब्रश करने का पर्याय बन गया है।

ऐसा करना सही है या गलत यह बहस का अलग मुद्दा हो सकता है। फिलहाल यह समझना जरूरी है कि विज्ञापन की भाषा में भाषा के कोई निश्चित नियम नहीं होते, सिर्फ उद्देश्य प्रधान होता है। यदि वह सन्देश संप्रेषित कर पाती है तो उसका उद्देश्य पूर्ण समझा जाता है।

6. **जीवन्तता**–जैसे नाटक की भाषा हरकत की भाषा है उसी तरह विज्ञापन की भाषा भी हरकत की भाषा है। विज्ञापन में दृश्यबंध के बहुत मायने हैं। प्रिंट माध्यम का विज्ञापन हो तब सबसे पहले इसी बात पर ध्यान दिया जाता है कि पूरा विज्ञापन पढ़ने से पहले दिखने में कैसा लगेगा, रेडियो विज्ञापन हो तब भी सुनते वक्त वह श्रोता के मन में छवियों को किस रूप में अंकित करेगा तथा टेलीविज़न विज्ञापन हो तो वह दृश्य और ध्वनि के साथ ही प्रकट होगा। कुल मिलाकर, प्रत्येक स्थिति में विज्ञापन की भाषा में दृश्यात्मकता, सजीवता अपरिहार्य है। इसे ही हरकत की भाषा कहा जा रहा है यानी शब्द सिर्फ कहते न हों, धड़कते हों, बिंब रचते हों, सप्राण और जीवन्त हों। मारुति सुजुकी की नयी आल्टो का विज्ञापन भाषिक जीवतन्ता का प्रमाण है।

बूँदों में जाने क्या अलग है
बूँदों में जाने क्या नया है

इठलाती बलखाती लहराती बहकाती
नखरे दिखाती बूँदें तनमन पिघलाती बूँदें...
बूँदों में जाने क्या अलग है

7. **विश्वसनीयता**–विज्ञापन अतिरंजना पर टिका है। अपने उत्पाद को श्रेष्ठतम साबित करने के लिए वहाँ विशेषणों की उच्चतम अवस्था का प्रयोग किया जाता है। 'सबसे बेहतर' 'सबसे कम कीमत वाला' 'सबसे अधिक बिकने वाला' 'भारत का एकमात्र...' आदि विशेषण पदबंध विज्ञापनों में बेलौस प्रयुक्त किये जाते है, लेकिन इन सब दावों पर उपभोक्ता को यकीन तभी होगा जब उसे विश्वसनीय ढंग से कहा जायेगा। उपभोक्ता को उत्पाद के गुणों के विषय में आश्वस्त करना बेहद जरूरी है। विज्ञापनों में बड़े-बड़े अभिनेताओं या खिलाड़ियों के भूख से जब उत्पाद की पैरवी कराई जाती है तो वह मुख्यतः उपभोक्ता का विश्वास जीतने का ही उपक्रम है। भाषा में यह गुण होना चाहिए कि वह असम्भव अतिश्योक्तिपूर्ण न प्रतीत हो, बल्कि विश्वसनीय हो। घड़ी डिटर्जेंट का विज्ञापन यह अपील करता है–'पहले इस्तेमाल करें फिर विश्वास करें।' इंश्योरेन्स कम्पनियों के विज्ञापन भी भरोसे और विश्वास की ऐसी ही भाषा बोलते हैं। 'फेयर एंड लवली' दस दिनों में गोरा बनाने का दावा करता है तो डव साबुन भी उपभोक्ताओं की चुनौती के लिए तैयार है। विश्वसनीयता जगाने के लिए अनेक पद्धतियों का प्रयोग किया जाता है। जे.के. लक्ष्मी सीमेंट का विज्ञापन इस दृष्टि से विशेष उल्लेखनीय है–

ये है उभरता हुआ भारत/इसकी गैरेंटी कौन लेता है
हज़ारों गाड़ियों का वज़न, सुरक्षा की गैरेंटी
200 टन की सेफ लैंडिंग की गैरेंटी
आसमान को छूती इमारतों में चैन की नींद की गैरेंटी
ज़िन्दगी आपकी, गैरेंटी हमारी
वॉयस ओवर-जे. के. लक्ष्मी सीमेंट मजबूती गैरेन्टीड

ओम पुरी-कल का भारत गैरेन्टीड। यहाँ भारत के विकास के दृश्यों के बीच अभिनेता ओमपुरी सुरक्षा की गैरेंटी देते हुए उपभोक्ता के मन में जे. के. लक्ष्मी सीमेंट के लिए विश्वसनीयता जगाते हैं।

8. **प्रेरक प्रतिक्रिया**–विज्ञापन का काम आपके मन की इच्छा की खरीदारी में बदल देने का है। अतः इसकी भाषा में भी वह गुण होना चाहिए कि खरीदने की बेचैनी पैदा कर दे।

'जल्दी कीजिए, ऑफर सिर्फ सीमित समय तक'

'जल्द घर ले आइए'

'अब आसान किश्तों पर'

यह सभी अनुरोध कहीं-न-कहीं उपभोक्ता में सक्रिय प्रेरक प्रतिक्रिया जगाने के लिए ही किये जाते हैं। बहुत पहले प्रेस्टीज प्रेशर कुकर का एक विज्ञापन आता था जिसमें कहा जाता था 'जो बीबी से करे प्यार, प्रेस्टीज से कैसे करे इनकार'। यह पंक्ति भी उपभोक्ताओं में प्रेरक प्रतिक्रिया उत्पन्न करने के लिए ही लिखी गयी थी। विज्ञापन की भाषा कभी मनुहार से तो कभी चुनौती से उपभोक्ता को वस्तु खरीदने के लिए बाध्य करती है।

विज्ञापन के विविधमुखी उद्देश्यों की दृष्टि से विज्ञापन भाषा में इन गुणों का होना अनिवार्य माना गया है, लेकिन असली चुनौती इस बात में है कि भाषा के किन उपकरणों द्वारा उसमें यह गुण उत्पन्न किये जा सकते हैं। अगले अंश में हम यही समीक्षा करेंगे कि विज्ञापन की भाषा को इतना आकर्षक और चमत्कारी बनाने में भाषा के किन उपकरणों की क्या भूमिका है।

विज्ञापन कैसे तैयार करें

विज्ञापन कई प्रकार से तैयार किये जा सकते हैं किन्तु तैयार करते वक्त इन पाँच तत्वों पर ध्यान देना चाहिए–

1. शीर्षक
2. शीर्ष स्थान
3. उपशीर्ष
4. कलेवर
5. संकेतन पंक्ति

1. शीर्षक–उत्पाद का नाम
2. शीर्ष स्थान–उत्पाद की गुणवत्ता का वाक्य (मुख्य पंक्ति)
3. उपशीर्ष–छूट, मुक्त, सेल आदि वाला वाक्य
4. कलेवर–उत्पाद की सामग्री आदि के बारे में कथन विस्तारक सामग्री (Standing details)
5. संकेतन पंक्ति–नारे जैसा वाक्य, स्लोगन

1. बी. आई. पी. ब्रीफकेस
2. डायोनारा सालिट स्टेट टी. वी.
3. टैक्सला : सही पसंद
4. शिवा : हैवी ड्यूटी डेटर्ज कूलर्स

शीर्ष पंक्ति

1. किसानों की बेहतरी के लिए नयी पहल
2. सर्दी के दिनों में गर्मी का अहसास
3. अधिक दूध के लिए : नंदी सन्तुलित पशु आहार
4. रेफ्रिजरेटर की पूरी आधुनिक शृंखला

उपशीर्षक

1. पच्चीस साल के बाद साड़ियों की सिल्वर जुबली सेल।
2. कीमत में पच्चीस प्रतिशत कम पर काम में वैसा ही उत्तम।
3. बिल्कुल सोने जैसा खरा।

कलेवर

1. कोलोन का मुलायम मखमली झाग बेशुमार...भरपूर कोलोन की मोहक सुगन्ध...ताजगी की उमंग।

2. नवीनतम तकनीक, नइ निराली सजधज और मनमोहक सुहाने रंगों का बेसिमाल मेल।

3. टी.वी.एस. सुजकी एक एक्स-100 बेमिसाल क्वालिटी...बेजोड़ दोहरी वारण्टी के साथ।

4. दाँतों की कुदरती चमक। मसूढ़ों में कूदरती दम! मुँह में नये-निराले स्वाद का कुदरती ताजगी।

5. कोई करे काम कोई खेल करे।
लिम्का बुझाए प्सास मेल करे।

6. प्रेस्टीज उनके लिए खास
जिनके पास बाकी सब कुछ हो

7. शेरदिल इन्सानों के लिए
...चाय।

संकेतन पंक्ति

1. उषा-कुशलता की परम्परा
2. भारत का सबसे पहला और प्रभावा फ्लोराइड टूथपेस्ट
3. दो प्रकार के गोदरेज शेविंग क्रीम
4. दुनिया का अकेला वयस्कों का टॉनिक
5 इट्स-मी-एक लाजवाब शैम्पू
6. केल्विनेटर–इसकी ठण्डक बेमिसाल
7. कीमती हीस ही–झण्डु स्पेशल च्यवनप्राश
8. सेरेलैक का वादा: स्वाद भरा सम्पूर्ण पोषाहार
9. पफ से लैस–अत्याधुनिकता तकनीक का चमत्कार
10. तरंग-सही मिश्रण सही ताजगी।

क्रियाविहीन वाक्य–रचना हिन्दी विज्ञापनों की विशिष्टता है, वहाँ कभी-कभी विज्ञापन की वाक्य रचना में 'संज्ञा' शब्द का अध्याहार भी देखा जा सकता है। लिखित विज्ञापनों में प्रायः चित्र तथा शीर्षक के द्वारा उपभोक्ता-वस्तु का नाम बता दिया जाता है, इसी कारण व्याख्यायित पंक्तियों में उनका नाम नहीं दिया जाता–

1. उत्सवों का आनन्द दुगुना कीजिए।
यू.पी. हैण्डलूम से (कपड़े) खरीदिए।

2. एडरीना खरीदिए।
वर्षों तक आप इस (ऊन की) पसंद पर गर्व करेंगे।

3. ...आइए संसार (पंखे) के साथ-साथ विकास कीजिए।

4. बनाए फिट भी, स्मार्ट भी।

5. इट्स मी नया निराला कुदरती फार्मूले वाला आज का सबसे असरदार शैम्पू।

6. लिम्काः नींबू जल-सी मजेदार पेय।

7. प्रेस्टीजः अनोखी चाय का अफलातून ब्लेण्ड

8. जॉनसन बेबी आइलः कोमल त्वचा का कोमल अंदाज।

9. मत खरीदें, कोई भी रेफ्रिजरेटर जब तक कि आप देख न लें-केल्विनेटर।

10. हर जगह मुकाबिला जारी है।
क्योंकि अधिकांश लोगों को या सिर्फ
ई सी टीवी चाहिए या फिर कुछ नहीं

11. ग्लायकोडिन
खाँसी की कोई दवा नहीं है।

12. अविश्वसनीय कम कीमत पर।

13. एक विश्वसनीय सालिट स्टेट टी. वी.

13. फैशनेबल महिलाओं की एक ही पसंद
राधिका (साड़ियाँ)

14. अब दोहरी गारंटी व भरोसे के साथ खरीदिए।
मैट्रो मार्क (वाला) पेंट्स

उपर्युक्त विज्ञापनों में कोष्ठक में लिखे शब्दों (संज्ञाओं) का अध्याहार किया गया है।

विज्ञापन की भाषा के रूप में हिन्दी का प्रयोगः समस्या और समाधान

स्वतन्त्रता के बाद राजभाषा तथा प्रयोजनमूलक हिन्दी के रूप में हिन्दी भाषा का विकास निरन्तर होता रहा है। यह जनसंचार के माध्यम के रूप में भी प्रयुक्त

होती रही है। इस बात को नजरअन्दाज नहीं किया जा सकता कि आज़ादी के पूर्व जनसामान्य को उपयोगी सूचनाएँ तथा खबरें देने के लिए सरकार तथा व्यापारी वर्ग हिन्दी भाषा का इस्तेमाल नहीं करते थे जहाँ इसके बिना काम नहीं चल सकता था परन्तु आज़ादी के बाद हिन्दी ने स्वतन्त्र रूप से अपना अस्तित्व ग्रहण करते हुए न केवल सम्पर्क भाषा के रूप में प्रतिष्ठा पाई है बल्कि भारतीय संघ की राजभाषा एवं राष्ट्रभाषा के रूप में भी गौरवान्वित है। लेकिन अभी भी स्वतन्त्रता के पचास वर्षों बाद भी कुछ भारतीय अंग्रेज़ी भाषा के व्यामोह एवं हीन ग्रन्थि से अपने को मुक्त नहीं कर पाए हैं। यही कारण है कि विज्ञापन की भाषा के रूप में हिन्दी का प्रयोग अब भी जारी है। यद्यपि इस दिशा में हिन्दी भाषा को कठिन संघर्षों एवं विरोधों से जूझना पड़ रहा है फिर भी ऐसा नहीं कहा जा सकता कि इसका भविष्य अन्धकारमय है। लेकिन इतना तो सही ही है कि विज्ञापन की भाषा के रूप में हिन्दी के प्रयोग के समक्ष कई कठिनाइयाँ भी मौजूद हैं। इसे निम्नलिखित रूपों में देखा जा सकता है :

1. मौलिक लेखन के बजाय अनुवाद का सहारा–फिलहाल हिन्दी में प्रायः विज्ञापन के लिए मौलिक लेखन का अभाव होने की वजह से अंग्रेज़ी लेखन से अनुवाद का सहारा लेना पड़ता है। इसका कारण यह है कि अंग्रेज़ी में बहुत पहले से विज्ञापन लेखन की अपनी स्वस्थ परम्परा है। उनके पास विभिन्न क्षेत्रों की ज्ञान-विज्ञान की शब्दावली का भण्डार है, विभिन्न शब्दकोश, पारिभाषिक कोश आदि उपलब्ध हैं परन्तु हिन्दी में यह सुविधा उपलब्ध नहीं है इसलिए विज्ञापन लेखन की परम्परा के अभाव में हिन्दी को अंग्रेज़ी के अनुवाद का सहारा लेना पड़ता है। लेकिन स्वतन्त्रता के बाद इस क्षेत्र में हिन्दी ने भी काफी प्रगति कर ली है और विभिन्न कोशों, शब्दावलियों और पारिभाषिक शब्दाकोशों का निर्माण कार्य चल रहा है। फिर भी नवीन विषयों के विज्ञापनों के लिए हिन्दी पर अंग्रेज़ी भाषा की छाया बरकरार है। निश्चित रूप से यह समस्या हिन्दी में विज्ञापन लेखन के समक्ष अब भी वर्तमान है।

2. पारिभाषिक शब्दों के अपरिचय तथा अप्रचलन की समस्या–हिन्दी पारिभाषिक शब्दों का अपरिचय तथा अप्रचलन भी हिन्दी भाषा की एक समस्या है। अगर वह विज्ञापन में अप्रचलित पारिभाषिक-शब्दावली का प्रयोग करता है तो विज्ञापन देखने-सुनने वालों के लिए समझना कठिन हो जायेगा और उसका उद्देश्य ही खण्डित हो जायेगा; पर यदि उसकी जगह पारिभाषिक शब्दावली के स्थापन पर सरल भाषा का प्रयोग किया जाता है तो सम्भव है विज्ञापित वस्तु का सही-सही

परिचय ग्राहक को न मिल पाए। इसलिए इस समस्या से निदान के लिए यह आवश्यक है कि हिन्दी में ऐसे शब्दों का अधिकाधिक प्रयोग किया जाये जो निरन्तर के प्रयोग में हिन्दीभाषी इस्तेमाल करते हों ताकि उनके लिए कोई भी शब्द अपरिचित या कि अप्रचलित न रह जाये। लेकिन अभी हिन्दी भाषा को इसके लिए पूर्णतया सक्षम नहीं होने के कारण यह समस्या वर्तमान है।

3. भाषायी प्रकृति और संस्कारगत भिन्नता के कारण अभिव्यक्ति की समस्या–चूँकि हिन्दी में प्रायः अंग्रेज़ी के विज्ञापनों का अनुवाद करना पड़ता है, इसलिए अंग्रेज़ी की अभिव्यक्तियों को हिन्दी में उतारना पड़ता है जो कि एक कठिन कार्य है। दूसरी बात यह है कि अंग्रेज़ी भाषा और हिन्दी भाषा की प्रकृति में भिन्नता है। दोनों के संस्कार अलग-अलग हैं। इसलिए कभी-कभी ऐसा होता है कि अंग्रेज़ी में सुन्दर और शीलमय लगनेवाला विज्ञापन हिन्दी में उतना ग्राह्य और प्रभावकारी नहीं होता। जैसे clearance sale का 'माल खत्म करने के भाव में बिक्री' अनुवाद उतना आकर्षक और प्रभावकारी नहीं लगता जितना कि अंग्रेज़ी में लगता है।

4. निश्चित अपरिवर्तनीय विज्ञापन की शब्दावली का अभाव–हिन्दी भाषा के साथ सबसे बड़ी दिक्कत यह है कि उसके पास निश्चित अपरिवर्तनीय शब्दावली का अभाव है जिसके चलते विज्ञापन की भाषा में भिन्नता पैदा हो जाती है। इस भाषागत भिन्नता के कारण सबको सन्तुष्ट करना कठिन होता है। अंग्रेज़ी में यह समस्या नहीं है। वहाँ एक भाव की अभिव्यक्ति के लिए विज्ञापन में मात्र एक ही शब्द का सर्वत्र प्रयोग होता है। पर हिन्दी में शब्दों के पर्यायवाची रूप की वजह से भिन्न-भिन्न जगहों पर भिन्न-भिन्न शब्दों के प्रयोग किये जाते हैं। जैसे, अंग्रेज़ी में प्यार के विज्ञापन के लिए मात्र 'Love' शब्द सर्वत्र प्रयुक्त किये जाते हैं पर हिन्दी में उसी के लिए प्रेम, मुहब्बत, इश्क, स्नेह तथा प्रणय आदि पर्यायवाची शब्दों का प्रयोग प्रचलित है।

5. शब्द-निर्माण की समस्या–चूँकि अंग्रेज़ी भाषा में जिस प्रकार से शब्द निर्माण की क्षमता है, हिन्दी में वह क्षमता अभी नहीं आ पायी है। जैसे अंग्रेज़ी के 'Shopping village' के लिए यदि कोई हिन्दी में यह अनुवाद करे 'बिक्री ग्राम' तो यह उतना आकर्षण पैदा नहीं करता और फिर शब्द से भ्रान्ति भी पैदा हो जाती है। 'बिक्री ग्राम' से दो अर्थ ध्वनित होते हैं–एक तो वह ग्राम जो बिक्री के लिए हो। पर ऐसा सम्भव नहीं और दूसरा यह कि वह ग्राम जहाँ बिक्री होती हो।

6. विशेषणमूलक एवं क्रिया-विशेषणमूलक शब्द का अभाव–अंग्रेज़ी भाषा की यह विशेषता है कि इसमें विशेषणमूलक एवं क्रिया-विशेषणमूलक शब्दों का

निर्माण सरलता से किया जा सकता है, पर हिन्दी में अभी यह स्थिति नहीं है। जैसे–अंग्रेज़ी शब्द Energy-saving, Summer-wear, Ready Made आदि का निर्माण सरल और आकर्षक ढंग से हो जाता है पर यदि उसी का हिन्दी अनुवाद किया जाये तो 'ऊर्जा-बचत', 'गर्मी का पहनावा', 'तैयार माल' निश्चित रूप से उतना आकर्षक नहीं लगता।

7. **वर्तनी की भिन्नता की समस्या**–हिन्दी भाषा में वर्तनी भिन्नता की समस्या बड़ी जटिल है जिसके चलते पाठक और विज्ञापन लेखक भ्रमित हो जाता है। जैसे, कोई 'सम्पादक' लिखता है तो कोई संपादक, कोई 'ई' का प्रयोग करता है, कोई 'यी' का–(गई-गयी), कोई 'ए' का प्रयोग करता है कोई 'ये' का (लिए-लिये)।

8. **अर्थ-भिन्नता की समस्या**–कभी-कभी यह समस्या पैदा होती है कि अंग्रेजी शब्दों का यदि अनुवाद करके विज्ञापन किया जाये तो भ्रान्ति उत्पन्न हो जायेगी। जैसे, अंग्रेज़ी के 'cream' शब्द की जगह यदि अनुवाद कर 'मक्खन' कर दिया जाये तो अर्थ-भिन्नता की स्थिति पैदा हो जायेगी। जैसे, इस विज्ञापन को लें–'क्रीम लगाइए, त्वचा को नरम और ताजा रखिए। इसकी जगह यदि यह कर दिया जाये कि 'मक्खन लगाइए' तो यह हिन्दी के हास्यास्पद मुहावरे के रूप को ध्वनित करेगा–मक्खन लगाना अर्थात् चापलूसी या खुशामद करना। इसलिए विज्ञापन लेखन में कभी-कभी अंग्रेज़ी के शब्दों का अर्थ न लिखकर महज लिप्यन्तर कर आकर्षण पैदा किया जाता है।

9. **विराम-चिह्नों की समस्या**–मुद्रण की दृष्टि से आजकल पूर्ण विराम (।) की जगह मात्र बिन्दु (.) का प्रयोग किया जाने लगा है। (देखिए टाइम्स ऑफ इण्डिया द्वारा प्रकाशित पत्र-पत्रिकाओं में किये जा रहे प्रयोग को) इसके पीछे यह तर्क दिया जा रहा है कि इस प्रकार के प्रयोग से समय और स्थान दोनों की बचत तो होती ही है, लेखन में तीव्रता और गति भी आती है।

विज्ञापन की भाषा के रूप में हिन्दी प्रयोग की उपर्युक्त समस्याएँ हैं। यदि इन समस्याओं पर गम्भीरता से विचार किया जाये और उन्हें दूर करने के लिए व्यावहारिक सुझावों को स्वीकार कर लिया जाये तो सम्भव है कि कुछ ही समय में हिन्दी की इस कमी को दूर किया जा सकता है। हमारा प्रयास यह होना चाहिए, कि हम अनुवाद के माध्यम से विज्ञापन की भाषा के बदले स्वतन्त्र रूप से मौलिक भाषा का गठन करें, स्वतन्त्र रूप से विज्ञापन के लिए शब्दावली का निर्माण करें, वर्तनी की भिन्नता को समाप्त करने के लिए हिन्दी भाषा का मानकीकरण करने का प्रयास करें, अप्रचलित शब्दों के बजाय प्रचलित एवं लोकस्वीकृत पारिभाषिक

शब्दावलियों का निर्माण कर उनका अधिकाधिक प्रयोग करें तथा अभिव्यक्ति के धरातल पर अपनी संस्कारगत रुचि को परिष्कृत कर तदनुकूल शब्द-चित्रों का प्रयोग करें; तभी विज्ञापन की भाषा के रूप में हिन्दी के प्रयोग में आने वाली समस्याओं को दूर किया जा सकता है। यद्यपि यह कार्य बहुत सरल नहीं है। पर ऐसा भी नहीं है कि सम्भव न हो। परिश्रम और प्रयास से हम इन समस्याओं का समाधान करने में सक्षम हो सकेंगे।

□□